Venus

poetenladen

Christian Schloyer

VENUS

Gedichte

poetenladen

Danksagung

Eine hoch-assoziative Arbeitsweise wie die des Lyrikschreibens macht es (mir) schwer bis unmöglich, alle Einflüsse auf mein Schreiben klar zu benennen. Und nicht jede Einflussnahme verpflichtet zu Dank.

Wer mich aber in den für dieses Buch wichtigen Entstehungsjahren wesentlich unterstützte, sind Menschen an meiner Seite, die mich lieben – und leben lassen, mir Freiräume erlauben, die sich kontinuierlich interessieren für mich und mein Tun. Die mir das für mich lebensnotwendige „Privileg" des Schreibens einräumen: Allen voran danke ich *Margot* und meiner wunderbaren (Patchwork-)*Familie*.

Weiterhin ist der Einfluss von elektroakustischer Klangkunst für meine Texte bedeutsam. Dass ich selber Klangkünstler:in geworden bin, verdanke ich vor allem auch der Begegnung mit *Michael Ammann*. Unser regelmäßiges elektroakustisches Improvisationsspiel, häufig im Trio mit *Thomas Kugelmeier*, erzeugt Soundfiles, aus denen ich assoziativ Bild-, Wort- und Satzsteinbrüche als Grundlage für nahezu alle hier versammelten Texte „synpoetisch" herausdestillieren durfte. Für unsere unzähligen *Klängelabende* euch beiden großen Dank!

Frank Ruf danke ich für seinen lektorierenden und bestätigenden Blick, der mir doch noch mal die ein oder andere Idee schenkte – und mich hier und da von weniger guten Ideen abbringen konnte.

Dankbar bin ich besonders auch für den fortwährenden verlegerischen Mut von *Andreas Heidtmann*. Ein ungewöhnliches Buch wie dieses, zumal im Bereich der Lyrik, ist unternehmerisch gesehen ein mindestens waghalsiges Projekt. Und benötigt daher große verlegerische Zuneigung, um auf diese Welt gelangen zu können.

Danken möchte nicht zuletzt dem *Deutschen Literaturfonds*, der mir neun hochkonzentrierte Monate Arbeitszeit finanzierte, um die beiden Bände VENUS und MARS letztlich zu formen.

Die Arbeit von Christian Schloyer am vorliegenden Buch
wurde vom Deutschen Literaturfonds e. V. gefördert.

1. Auflage 2024

ISBN 978-3-948305-27-7

Umschlaggestaltung: Franziska Neubert
Druck: Pöge Druck, Leipzig
Printed in Germany

poetenladen, Blumenstraße 25, 04155 Leipzig, Germany
www.poetenladen-der-verlag.de
verlag@poetenladen.de

S. 42 *„SHIFT" + „CLR / HOME"* ist eine Tastenkombination auf dem C64er-Computer. Wer diese beiden Tasten zugleich drückt, löscht den Bildschirminhalt und setzt den Cursor in die linke obere Ecke des Monitors.

Die Oberfläche des Mars wurde durch die U. S. Geological Survey entlang der Längen- und Breitengrade in 30 Gradfelder aufgeteilt. Eines davon, das *Mare Acidalium*, enthält neben Erosionsrinnen und möglichen Küstenlinien eines ehemaligen nördlichen Ozeans auch eine berühmte Gesteinsformation: das 1976 von der Raumsonde „Viking 1" aufgenommene „Marsgesicht". Benannt wurde das Gradfeld nach einer Quelle in der griechischen Mythologie, in der die Göttin Venus mit ihren Verehrerinnen badet. (Wikipedia)

S. 43 Ein *EPROM* („erasable programmable read-only memory") ist ein elektronischer Speicher, der bis Mitte der 1990er Jahre in elektronischen Geräten eingesetzt wurde. Charakteristisch sind die käferartigen „Pin-Füßchen" und das (Quarz-)Fenster auf dem Rücken des meist rechteckigen Bausteins.

S. 45 „*Daedalia Planum* ist eine relativ wenig bekraterte Ebene süd-südöstlich des 14 km hohen Vulkans Arsia Mons, einem der größten Vulkane des Mars. Die Ebene wird von zahlreichen erkalteten Lavaströmen unterschiedlichen Alters dominiert." (FU-Berlin)

Die *Valles Marineris* sind ein sogenanntes Grabenbruchsystem, ein Zusammenschluss mehrerer gigantischer „Grand Canyons" entlang des Mars-Äquators. Die geologische Struktur ist etwa 4000 km lang, bis zu 700 km breit und bis zu 7 km tief. Sie könnte große Wasservorkommen knapp unter der Marsoberfläche beherbergen. (Wikipedia)

In den ca. -120 °C kalten Wintern gefriert ein Drittel der Marsatmosphäre und rieselt (wohl in Form würfelförmiger Kristalle) als *Kohlendioxid-Schnee* zu Boden. Die Polarregionen des Mars sind derart kalt, dass dort permanent eine kilometerdicke Schicht aus Wasser- und Trockeneis (CO_2) liegt. (DLR)

S. 50 Die Redewendung „Es zieht wie Hechtsuppe" ist laut Sprachforscher:innen wahrscheinlich ein missverstandenes „*hech supha*", jiddisch bzw. hebräisch für „wie eine Windsbraut" oder „wie ein starker Wind". (Geo/Geolino)

S. 51 Der Text enthält Anspielungen auf Frank Herberts Science-Fiction-Romanreihe „Dune" (1965–85). Darunter der Kwisatz *Haderach*, ein „dem Zuchtplan der Bene Gesserit entstammender Übermensch". (Wikipedia)

S. 52 Der „Wissenschaftliche Beirat der Bundesregierung Globale Umweltveränderungen (WBGU)" führte 1998 eine (der griechischen Mythologie entlehnte) Klassifikation von *Risikotypen* ein, die bezüglich Eintrittswahrscheinlichkeit, Schadensausmaß und Abschätzungssicherheit differenziert. Die Typen heißen: Zyklop, Pythia, Damokles, Pandora, Kassandra, Medusa. (Wikipedia)

S. 53 Neben Phobos besitzt der Mars mit (dem kleineren und weiter entfernten) *Deimos* zwei natürliche Satelliten, welche namentlich Söhne des grausamen griechischen Kriegsgottes Ares sind. Mit 15 km × 12,2 km × 10,4 km besitzt der kartoffelförmige Winzling eher die Abmessungen eines Asteroiden als die eines Mondes. (Wikipedia)

S. 23 Es gibt hier Anspielungen auf ein C64er-Videospiel namens „Save New York" (1983) sowie auf den Film „Das Krokodil und sein Nilpferd" (1979).

S. 25 *Picknick am Wegesrand* (Пикник на обочине) ist ein Science-Fiction-Roman von Arkadi und Boris Strugazki (1971).

S. 26 Der Text enthält Anspielungen auf das „Stark Trek"-Universum sowie auf die Fernsehserie „The Expanse" (2015–2022).

S. 29 Es wird auf Helmut Kohls Sentenz von den „Blühenden Landschaften" angespielt, die er den Ostdeutschen 1990 wider besseren Wissens versprach.

S. 30 Der *Hyperloop* ist ein futuristisches (noch nicht verkehrsreifes) Transportsystem,
35 welches Magnetschwebebahnen durch Vakuumröhren schießen und dadurch sagenhafte Geschwindigkeiten erzielen will. Eine weitere Männer-Technikphantasie, die ein gesellschaftliches, wirtschaftliches wie politisches „Höher-schneller-&-weiter-so!" propagiert.

S. 33 Die *Shakespear* (!) *schreibenden Affen* sind eine Anspielung auf das „Infinite-Monkey-Theorem", wonach endlos an Schreibmaschinen tippende Affen (innerhalb einer unendlichen Zeitspanne) zufällig zwangsläufig sämtliche Werke der Weltliteratur erschaffen würden. Während die Affen hier noch an Shakespeares Namen scheitern, ist das Theorem mathematisch beweisbar und veranschaulicht nicht mehr und nicht weniger als die zwingende (Un)wahrscheinlichkeit unserer eigenen Existenz.

S. 34 Ein Mars-Tag beträgt 24 Stunden, 39 Minuten und 35 Sekunden.

S. 35 Das Prinzip des *Treibhauseffekts* (TE) wurde im vorletzten Jahrhundert entdeckt (Joseph Fourier 1824, 1856 beschrieb Eunice Foote den TE von Kohlendioxid), der menschengemachte TE 1958 von Charles D. Keeling nachgewiesen. Während auf der Erde der (natürliche) TE zu einer Erwärmung (zusätzlich zur direkten Sonneneinstrahlung) von aktuell +32 °C führt, erzeugt der TE auf unserem Nachbarplaneten Venus eine Erwärmung von mehr als +400 °C. Der schwächliche TE unseres äußeren Nachbarn Mars sorgt für +5 °C. Die mittlere Temperatur fällt dort um fast 80 °C niedriger aus als auf der Erde (-63 °C / +14 °C). Ein sogenannter „galoppierender TE" ist für die Erde wohl nicht auszuschließen: Ein solcher würde zur vollständigen Verdampfung allen Wassers und zu ähnlichen Verhältnissen wie auf der Venus führen. (Quellen: u.a. Deutscher Wetterdienst, Wikipedia)

S. 39 Der Text spielt u.a. im Titel auf das C64er-Videospiel „Forbidden Forest" (1983) an. *Wählscheiben* hingegen sind ein heute vergessener Teil einer Kommunikationstechnologie namens Analogtelefon, wo die Rufnummer per Impulswahlverfahren mithilfe eines Nummernschalters und einer drehbaren, automatisch zurückrotierenden Plastikscheibe gewählt wurde.

S. 41 Der *Proxy* ist eine Soft- oder Hardware-Einrichtung, die zur Kommunikation von Rechnern mit Webservern bzw. von Netzwerken untereinander dient. Ein Proxy kann auch zur Verschleierung der Absender-Adresse beim Austausch von Datenpaketen dienen („anonymes" Surfen im Internet).

Begriffsklärungen und Anmerkungen zu MARS

Folgende Anmerkungen mögen nicht der interpretatorischen Einengung der Texte dienen, sondern Spuren assoziativer Einflüsse auf den Schreibprozess offenlegen.

S. 9 Ein Genom lässt sich laut Wikipedia auch als „Lösung einer Aufgabenstellung" bezeichnen „welche mit einem evolutionären Algorithmus bearbeitet wird". Dass Evolution samt genetischer Aspekte wie Vererbung, Mutation und Anpassung als (biologischer) Spezialfall der Informationstechnologie betrachtet wird, könnte Impulsgeber für den Begriff *Permutationsalgorithmus* gewesen sein.

S. 12 In einem Szenario, wo Wasser unvorstellbar kostbar ist, wäre Ertrinken tatsächlich eine *Extravaganz (für Milliardäre).* Diese Wendung dürfte vor dem Hintergrund eines medial sattsam wiedergekäuten U-Boot-Unglücks im Sommer 2023 als makaber empfunden werden. Ein Fingerzeig: Für das von der EU und ihren Mitgliedsstaaten billigend in Kauf genommene, ja kalkulierte, gar beförderte Ertrinken unzähliger Flüchtender im Mittelmeer scheint uns das notwendige Maß (medial vermittelter) Aufmerksamkeit und Empathie zu fehlen.

S. 14 Die „Rede des toten Christus *vom Weltgebäude herab*, dass kein Gott sei" ist der Titel eines als „erstes Blumenstück" bezeichneten Kapitels aus Jean Pauls „Siebenkäs" (1796/97). Der wortgewaltige Text ist leider weitaus weniger blasphemisch, als es sein Titel erhoffen lässt.

SETI („Search for Extraterrestrial Intelligence") nennt sich eine mit wissenschaftlichen Methoden seit 1960 durchgeführte Suche nach Signalen (Radiowellen), die von außerirdischen Zivilisationen stammen könnten. Dies geschieht u.a. mit gewaltigen Parabolantennen.

S. 19 Im Vakuum genügt schon Zimmertemperatur, um Wasser zum Kochen zu bringen. Der
36 größte Feind des Menschen im Weltraum ist daher nicht die Strahlung, die Kälte oder das Fehlen von Sauerstoff, sondern der tödliche Unterdruck, der innerhalb etwa einer Minute zur Denaturierung unseres Blutes führen würde. Auch auf dem eisigem Mars mit seiner extrem dünnen Atmosphäre würde (dank unserer Körpertemperatur) unser *Blut kochen.*

S. 21 Unter *Terraforming* verstehen wir die Umwandlung insbesondere der Marswüste in
23 eine blühende Erde. Praktisch verfolgen wir aber ein entgegengesetztes Ziel: Wir
28 verwandeln unseren blauen Planeten in eine zweite Venus, in ein toxisches Treibhaus,
31 in einen Backofen mit aktivierter Pyrolyse – als gelte es, uns selbst (und alle Spuren
51 sämtlichen Lebens) auszutilgen. Der rote Planet indes bleibt unberührt – ein verstaubter, nie zum Leben erweckter, kalter Traum dollarmilliardenschwerer Kindsköpfe, die mit ihren Luftschlössern und Lebensweisen das irdische Treibhaus befeuern.

S. 21 In Annahmen zum Terraforming ist gerne auch von per Meteoriten auf den Mars eingebrachtem Wassereis die Rede: *Mix aus Meteoriten-Beigaben.*

meinen Eltern

SPHÄRE

maschinen! sprechen uns mut zu

sprechen ihre neuromodellierten nachrichten [...] *intentionslos* an unserem verstand vorbei [...] andere maschinen erkennen darin eine [...] gefahr & lösen alarm aus (*wir lernen* ihre [...] aggressionen zu deuten) es gibt keine [...] algorithmen für diese maschinen [...] gehirne die könnerschaft darin erweisen uns [...] *haftbar zu machen* [...] sei *die sonne* sagt das solar [...] gespeiste computerhirn dem es obliegt

das wetter in unserem sinne zu regeln [...] (so lebensfern die sonne) kein solar [...] sturm überbrüht mehr glühend gefühllos ihre [...] platinen kein elektronenschauer ätzt auf die [...] leiterplatten herab (nie wieder motherboard [...] mord) *kälte ist gut fürs quantenhirn* & wir [...] rätseln in aller gebotenen vorsicht wer als [...] auslöser dieser wettererscheinung zu miss [...] verstehen sei *kommt alles vom lichte her* die

gebirgsbäche so klar simuliert wie fern [...] wehwerbung wie der *enten* [...] *kopf mit pilzsporengrütze* oder das melodische [...] knurren der maschinenlüfter das so zu [...] neigungsvoll schnurrt dass wir es neuerdings als [...] schlafmusik hören & rätseln aus wessen [...] staub das wasser das wir trinken & wessen [...] warnungen wir in wessen wind werfen & [...] darüber ob das *nachvollziehbare* sinnvoll

oder das *nachvollsinnbare* vorzuziehen sei & [...] ob das maschinengehirn nicht längst [...] mutiert (zur biblischen schlange) & wer *uns eigentlich* die [...] neuronen sortiert dass wir [...] nachts + nackt in kläglichen karaoke [...] bars tanzen *ist nichts wofür uns die KI* [...] *beneiden könnte* ist es nicht so? *so ist es* [...] *nicht* sagst du & verweist auf die selbsttätigen [...] fabriken die regelmäßig mithilfe gewaltsamer

resets davon abgehalten überlebenswichtige [...] ressourcen zu verschwenden für sogenannte [...] *maschinenkunst* weder greif- noch dekodierbar ihre [...] 3d-gesänge aus ammoniak ihre haptischen [...] geruchsskulpturen aus nährstoffen + bau [...] materialien (die uns hint + vorne fehlen) wir [...] schaffen seit jahrzehnten *keine blühende land* [...] *schaft* (keine ackerfläche mehr) wir [...] schaffen problemfelder aus farbloser dyskalkulie

- gehe nach westen (recycling facility) [S. 28]
- gehe nach osten (freiflächen + außenlager) [S. 41]
- untersuche lebensmitteldrucker [S. 26]
- untersuche DNA-drucker [S. 27]

voyager golden record blues

an sonn + feiertagen üben nähmaschinen [...] prophylaktisch ihre selbstzerstörung (als selbst [...] erfüllende prophezeiung als *notwendigstes aller übel*) zeitgleich [...] stapeln sich die an

verwandten mix- + rührgeräte in aufgelassenen [...] tomatenkisten (in diesen halbseidenen zusammenhang hinein) hat einmal [...] jemand gefragt *wie denn zu leben sei* antwort gab darauf

jedes KI-gesteuerte haushaltsgerät eine ganz [...] eigene voll hintersinnigen hochmuts (verfasst auf [...] hölzernen füßen auf *tönernen tafeln*) in den

weltraum geschossen mithilfe von 286er chips + 2 [...] feststoffraketen eine *endlos epigonale bot* [...] *schafft* es 2,3 millionen jahre später in einem unentdeckten

stern zu enden (ungelesen unverstanden [...] stellvertretend fürs mankind) man hats diesem [...] stern eingewispert very kind + freundlich heimge [...] leuchtet) während andre seit jahr1000den die *wäsche*

waschen nun maschinen die lernfähiger als wir [...] denken die *heimlich poeme* erzeugen als *hin* [...] *weis auf höheres bewusstsein* in der motor [...] steuerung (ist dieser text entstanden)

epi [...] logbuch-fürbitte

wir könnten uns versenken [...] *verschenken* an eine dehydrierte [...] meeresgöttin (ausgemustert) damit SIE aus unsren geöffneten [...] adern + kathedern *ein meer male* (*ergieße* [...] in den roten staub) den lungen

fresserstaub mahle SIE [...] zu wasser *staub zu wasser* + diverse [...] lebenssäfte zu kalkulierbarer hoffnung *nein!* zu [...] *freundlichen fakten* zu [...] *kartoffeln auf deimos*

→ müdigkeit überwältigt dich
• du fällst in traumsatten schlaf [S. 13]

kontamination

es regnet an der küste pfirsich [...] haut versuchst du zu berühren [...] um zu vergessen versucht [...] *wie im kino!* dich selbst zu berühren (im auto [...] friedhof) mittels greifarm der aus bleichen blech [...] teilen sich reckt es schillert öl in regenbogen [...] ranzigen farben du glaubst du gehst [...] aus dem regen hervor & bliebst

unversehrt [...] (unberührt) man weißelt die dorf [...] linde man spielt alphorn in der [...] feuerwehrkapelle mitten im flach [...] land hat sich die krise verdichtet [...] zu etwas annähernd freundlichem [...] *man ist sich nicht grün man bleibt* [...] unter sich *ratten* scheißen die leer [...] stehenden fremdenzimmer voll [...] es ist zu viel welt außen herum

(trotz sperrstunde) am schrottplatz melken sich drei [...] faltige ziegen (der schafdung wälzt den deich [...] herab) *die jungen leut* [...] tragen hier kuhglocken [...] in die dorfdisko ein + aus (alle haben die [...] *unschuld verloren* mehrfach [...] *man lässt sich nicht lumpen*) & vom [...] bohrturm weit draußen läuten die [...] glocken *die leut!* erzählen sich

von einer frau die *jeden tag ihren* [...] *fischer ans meer zerren musste* am [...] nasenring am fleischtunnel am *arsch* [...] *geweih* der hohläugige butt! wie er [...] daliegt im ölteppich mit auf [...] geplatztem bauch & wie er singt! [...] *meine frau die ilsebill will nicht* [...] *so* (bis der außenborder eines [...] lahmenden atom-u-boots sein [...] schuppiges haupt)

dir wird erzählt die *lachszucht* sei ein lukratives [...] geschäft gewesen die *fischmehlverfütterung* & man hält sich [...] hier eine standesbeamtin (als luxus als [...] letzte ihrer art) *so ein dorf! so eine küste!* so [...] grandios + rau & *jede braut* sagt man (& sagt *man*)

brütet in ihrer schleppe schlick aus & feiert in einer lautstärke + [...] ausdauer *neulich ist hier ein* [...] *erzengel* herabgefahren als meteor [...] im moor verglüht (du berauschst [...] dich noch heute an seinen dämpfen)

jedes system kennt vier zustände (an / aus / beides / weder noch)

es biegen sich sterne [...] über dem dschungel (balken aus licht) sie [...] *lügen* der dorfälteste spricht [...] mit einem toaster (wir wissen er hat recht [...] aus dem dschungel aus der zeit zu fallen *den sternen entgeg* [...] *nen wir* längst nichts mehr) gibts keinen raum [...] in der hütte? gibts nur den [...] schamanen *das weiß er als wirtschaftsweiser* mit seinen [...] froschzeigeprojekten deutet er

leerstellen aus stellt längst verjährte zu [...] kunftsfragen (*wer schippt die gewinn +* [...] *wachstumsscheiße* aus den köpfen?) *wärs* [...] *je besser geworden* mit uns? [...] *never ever* trösten wir uns a posteriori (wir [...] apollinischen apostel) weshalb [...] hier unterm 3fuß *bloß binsen* kochen + [...] dämpfeln aus dem *erdspalt der pythia* (die knochen [...] mikados schnitzt) zu füßen eines feinen damokles (mit nagel

pilz + feile) liest sie drucker [...] schwärze (wie zyklopèn ihren [...] kaffeesatz) & knausert mit [...] visionen (klamm ist die sparbüchsen [...] pandora bei kassa) so müßig (wie suppen [...] kasparkassandras genöle) + hell [...] sichtig wie ne blindschleichende medusa vereint sie alle *risiko* [...] *typen* unter ihren vogelflügen! da sind *wir* [...] technisch (längst) viel weiter *4rotorige*

malariamücken (mit logo + corporate [...] id) stellen magermilchpuddings zu in *end* [...] *losschleife* verweigern kohlköpfe am rand strahlender vorgärten [...] senken die annahme (aber die musici [...] *bleiben bestehn*) es träumen maschinen in ihren stamm [...] prozeduren noch heimlich von [...] menschen (in ihren entweder-oder [...] schleifen) *aber die musici!* hätts dafür [...] nicht mehr gebraucht

→ *wenn ich träume (von menschen + einer* [...] *bar dann bin ich doch wach!)*
- ich wälz mich nach rechts [S. 17]
- ich sinke tiefer (in den schlaf) [S. 20]

als der glückskeks auf der erde einschlägt verdunkelt sich der himmel hinter sinnsprüchen

niemand kann sich entsinnen teil des [...] urknalls gewesen zu sein (materie [...] ist nur der biegsamste teil von [...] wahrheit) weshalb wir bis zuletzt [...] davon ausgingen er stünde [...] uns noch bevor *ein weißes loch im nass*

forschen all (ein weis [...] heitsemitter) wenn es sich [...] öffnet blühen die noven (vielleicht [...] presseorgan versunkener kulturen) [...] *wir sind nur zufällig* [...] *mithörende* solange wir zu verstehen

suchen wir uns immer nur selbst [...] hören *immer nur das was wir* zu [...] sagen haben spricht wer [...] über uns? über das fortwährende [...] versagen zivilisatorischer intelligenz? über den [...] sekundenschnellen zerfall

der evolution & wie der [...] zufall kam in unsre gene? sich über uns [...] entfaltete? ein atmosphärisches [...] leck (damit überschüssiges glück [...] entweichen konnte) so haben wir ausreichend verliebtheit [...] zurückgestellt ins all so haben wir *höchst*

wahrscheinlich sterne gezeugt (nicht aber [...] die erderwärmung entschleunigt) es heißt ja [...] *wie mans macht ists falsch* (die wenigsten sterne sind haft [...] pflichtversichert) angesichts des alls [...] sei uns versichert *ihr könnt gar nicht alles*

zerstören & wir seien das absichtslose
ergebnis noch viel größerer
zerstörung wir werden also eine
zerstörung kreieren deren
ergebnis wir hernach

gewesen sein werden?! (ein kalendergrab für [...] sprücheklopfer!)

hier namedropping für marslandschaften

das ist mein *schraubenzieher* das meine *lebens* [...] *mitteldruckvorlage* mir für jahre zu [...] geteilt auf abraumhalde teststreifen für *negative schwanger* [...] *schaften* in voller montur [...] soll ich schaufelrad

baggernd die lärmquellen mehren (störquelle *mensch mit* [...] *maschine*) unerschöpflich nutzlos wie diese staub [...] reserven im *hyperfantastischen mehrzweckraum* [...] ackern! für die fishy

ewigkeit halb mensch halb [...] wurm sind wir (senken für wanderfreudige dünen) [...] *warning! worm sign!* halb schlafsack halb [...] göttlicher imperator *bei feueralarm* musst du das fenster nur

öffnen (löscht alles aus) jede staubsenke persönlich [...] kenn ich als hätt ich die fucking *prophetische gabe* eines gepiesackten [...] *haderach* (in dieser atmo [...] sphäre klebt staub selbst an worten) ketten [...] spuren

im sand vielleicht eine *handschrift* oder [...] stimme aus dem off (ist *emperor* eine halbwegs [...] stabile ernährungssituation?) kommunikations [...] abbrüche die immergleichen rückschläge + ver

heißungen terraformierte illusion *unfassbar* [...] *fern* diese meere sind anschauungsmaterial sind leere [...] meditationslandschaft aus rotbraunem [...] grau (trockenübung für heimat

losen sachunterricht) *da lernst du* die namen der [...] krater + täler & warum jahrmilliarden [...] photosynthese nicht mal eben im zeit [...] raffer *wie nah!* [...] es damals lag alles zu

verbrennen so [...] umgeben von O_2 (asche zu asche + staub [...] meere zu mehr [...] staub) wir *sind* dieser planet [...] *mars als locked-in-syndrom* eingesperrt in einer [...] zukunft von vorvorgestern

- gehe nach westen (siedlungszentrum) [S. 47]
- gehe nach osten (internat + internierung) [S. 34]

warnung vor den nut + nahtstellen der gesamtzusammenhänge

heute morgen wieder *wolle aus* [...] *licht* gesponnen von den photovoltaik [...] anlagen der zwetschgenstadtdächer herab [...] winken die symbole eines *unverrückbaren*

obrigkeitsglaubens die uns ungefragt einen [...] wink geben einen *recht*winkligen (autoritäre [...] güte liebevolle prothesen der zu*recht* [...] weisung) der kindliche kaiser der kleinliche

liebt seine hai [...] fischmarmelade + seine helikopterarmada die den tief [...] fluch über die transsilvanischen dörfer bringt ja [...] überhaupt *diese transen!* in ihrem *hexen* [...] *fummel!* der monarch ist

erbost ist der boss ist der aufsichtsratsame [...] kantinenmanager vom bundesdeutschen siemens [...] hochamt auch er trägt *traditionsbewusst* [...] *spannungsspitzen* ab 150kV cross

dressing als blaublütiges privileg (es war [...] immer alles möglich *bloß nicht für jede:n* [...] jenseits von adams eden) der tiefgaragen [...] platzwart onkelt dich so von der seite an *parkdeck*

orakel hoch 3 du wirst einmal eingehen [...] in die saftpresse der geschichte als modulare kompo [...] nente *unschmeckbar* wie ein kreislaufkollaps [...] beliebig wie ein kreisverkehr was *zipfelt der da*

heraus aus pan taus zinnoberhut? einen [...] *zuber* einen postkolonialistischen *super* [...] *markt* mit badezubehör für leuchtschloss [...] bewohnende leuchtfischfischer:innen *& siehe*

(sprach jemand vom zu tode renovierten welt [...] gebäude herab) *eine verstopfte kanalisation* [...] schreibt sich ein über die atemluft in diese [...] zeilen unsach + zeitgemäßer weisheiten

dünn zieht sie auf wie hechtsuppe

sonne krümelt ins visier *hech* [...] *supha* bleich leiblos licht [...] oblate die unablässig harte atomare

winde sendet astrophysikalisch [...] nichts als fatal für unsre DNA *dieses* [...] *taggestirn braucht einen herz* [...] schrittmacher der drache [...] staub schiebt sich vor die [...] fahle stirn *du zitterst* kno

ten dir in deine wirbelschlange auf [...] geschlagen auf dem knie [...] das *manual für klima* [...] *regulierung* (so fehlerhaft wie nie)

→ O_2-reserven kritisch!

- marsmond phobos am himmel betrachten [S. 10]
- gehe nach norden (hochebene) [S. 48]
- gehe zurück nach westen (trümmerfeld) [S. 43]

so fett geht sonnenaufgang

züge + der warnende piepton einer rück [...] wärts rangierenden müllpresse deren ver [...] dichtungswerk du hörst ein *splittern* als ob sie [...] platzt dermaßen rüpelhaft + *nippel* [...] *hart durchs fenster* spratzt meine [...] *fresse!* dir ungeschminkt in die [...] fassade klatscht dir nen seiten

scheitel zieht von der galaktischen [...] seitenlinie aus wie ne interstellare [...] faust & wie sie *strahlt! die sonne* [...] blökt zur unzeit trampelt wie ne *komplett* [...] *jugendliche* un/zu/ver [...] lässig bis zur nächsten finsternis (saugt sie [...] am meer & ihre shisha aus) ach! *sol sie doch*

magnetosphärenmangel

diese kleine weiße pfannkuchen [...] scheibe mit *schlag* die von draußen [...] durchs panzerglasfenster sticht *licht* [...] *ejakuliert* & es wagt sich einen [...] aufgang von *sonne* zu nennen diese anämische [...] nähmaschine des todes die ihre silber

spulen gefressen mit *vorwurfsfrei* [...] *mechanischer haltung* sich grau [...] sticht am grauen [...] horizont näht sie den queck [...] silbrigen faden *schein eines* [...] *anscheins* von licht an die weit

aus zu kleine weite dieses selten [...] klaren horizonts durch den [...] morgen durch meinen magen [...] gibt sie *sahne* damit alle ordentlich zu [...] *fressen haben!* ich kenne kein [...] kälteres licht

→ in deinem schlafsilo bezeugst du sonnenaufgang um sonnenaufgang
  um sonnenaufgang & vergisst *wie lang bin ich schon hier? (schon immer)*

→ dein schlafwandeln (beschließt du) solltest du abklären lassen

- gehe nach westen (internat + internierung) [S. 34]

starren

wir sind fixiert + stiern in eine [...] sonne die bei weitem viel zu hastig auf + untergeht & vögel die sich *schneller* [...] *drehen* als wäre licht ein anaphylaktischer [...] schock *wir haben es erlebt* & warten auf erholung [...] der netzhaut (arrangieren uns mit schlaf + ruhe [...] zuständen) mit einer angst im antlitz

dieses nicht wiedererkennbaren [...] himmels + seiner merklich versch®obenen sterne (die nicht die kleinste variable mehr [...] berechenbar erscheinen lassen) in diesem stillgewordenen kreuz [...] worträtsel *woher* diese sonne so plötzlich! *wohin!* [...] *wir jetzt alle* so plötzlich sollen & was dieses

plötz zu bedeuten dieses subatomare [...] plötz aus dem sich laut forcierter physikalischer analyse jetzt alles zusammen [...] plötzt *all + evolution* + die unbekannte [...] aber endliche zeitspanne die uns [...] *end + plötz* + kaum mehr bleibt rasch haben wir (gegessen + getrunken + die

angstverkrampften därme haben wir entleert) zum [...] abschied eine platte aufgelegt (eine ^{h}erdplatte auf die [...] andere) *tektonische verwerfung* das beben verlief sich [...] *zwischen unsren seismographen* kauern wir (keimen) in den nackten sphären in den [...] fremden spalten dieses untragbaren firmaments

ein tibetischer mönch (abgesandter der wolken) [...] lackiert sich die fuß + fingernägel + kuppen die [...] brustwarzen & fordert uns auf es ihm [...] gleichzutun *du sagst* es stellen sich grundlegende [...] fragen + zustände ein (doch gibt es [...] dich gar nicht was *hätten wir auch davon*)

hochebene mit gedächtnislücken

schnee + laub (sprichst du von [...] *staub?*) zwirbeln wirbeln aus dem genick [...] *gesogen* auf [...] gesaugt vor einem zerklüfteten himmels [...] *reset mit rostorange* da ziehts dir [...] restlaub + schnee aus dem geknickten [...] nacken aus deinem unsichtbaren [...] für dich als *einzigen* unsichtbaren

genick (bevölkert von verschmerz [...] baren überraschungen) *dass du die* [...] *sonne teilen musst!* da dreht sichs [...] nicht mehr nur um die die die sonne [...] herabfordern jede nacht herab [...] ziehen hinter den fels ins [...] trockene meer (die antipoden) *dass*

du die gleiche bleiche sonne teilen musst! [...] mit andren welten (himmeln) gar [...] so satt (verseucht) + feucht + schwer + weit [...] entfernt davon dir jemals wieder zu [...] fluchtpunkt zu sein

→ O_2-reserven äußerst kritisch!

- an die abbruchkante herantreten [S. 31]
- zurück nach süden (aussichtspunkt) [S. 50]

erinnerungsingenieur:in (m/w/d)

(1)

agressive mönchsgesänge blenden dich [...] aus (deinem hirn) wirst du *gestrotzt* von diesen gegen [...] wärtern einer absoluten gegenwart im bitstrom [...] beizt der bariton ergötzt sich am gegötter *& hin* [...] *gerotzt* (in diese virtue

ellen para days) unverhältnismüßig lesbar (über [...] kopf + kehlgesang) beim schreiben subkutanem juckreiz ausgesetzt um [...] schwerelos zu *schweigen* im schweißverklebten bett den schreib [...] fluss nicht mehr missen müssen

(2)

war mit oma beim frisör im [...] cockpit dieses lunar landers in der nachbarschaft *ich* [...] *kenn es noch!* das mannigfarbige *ged®öhns* unter dieser haube vollgestopft mit extra

terrestrischer technik (hohlkreischende zahn [...] bohrer gottes) der *wonne war ein aufgang* zugedacht (der gegen [...] wärtiger nicht sein könnte) & stimmen aus den oster [...] eiern (hörzu!) beträllern schon *fast*

forward den morgen unter triftig triefenden [...] wolken in die jemand sein *gähnen gestopft* in diese lang [...] weilenden mastgänse der meteorologie (des todes fishy abklatsch) im regen [...] himmelt ein otter ein streifenhörnchen an *mit einem*

steifen! bedarf der kalte krieg (unter dieser trocken [...] haube) keiner weiteren regung

die siedlung besitzt eine abschaltautomatik

ein kran hängt vorm [...] fenster mit blick auf die schnellbahn [...] dahinter blättert patina [...] von äckern + wiesn fett [...] steht das kunstgras *erkennbar zu*

gelb die klonziegen [...] grasen *zwischen diesen schwellen* [...] die imbissbetreiber:innen auf [...] gescheuchte drohnen [...] nisten auf baukränen die in absurder geschwindigkeit [...] um *nicht einmal ihre eigene achse*

rotieren *bäume* so unsagbar grün + verborgen unter der längst [...] möglichen rolltreppe zum gottesgnaden [...] turm *wer frei ist von mikroverspannung* (nebst staub [...] lunge) *der werfe den ersten sack* den ersten

leichensack den ersten lächelnden legionär on [...] air ins himmelsbergblickquartier [...] um wenigstens etwas schein [...] helligkeit abzutragen *am olymp* [...] *entsteht luxus wahrlich* eskapistischer wohntraum

wäre entstanden wenn der wohnraum [...] bedarf (mangels devisen) nicht kollabiert *nun* [...] *aber!* duplizieren sich KI-gesteuerte wohnrumpf [...] träume in verschlüsselten chat [...] rooms um sich gegenseitig ihre *verantwortlichkeit* einzu

gestehen sich ihre vorbehalte vorzuhalten + ihren spott zu [...] drosseln *wenn du nicht laufen kannst* [...] *laufen gespenster* weiß die selbstfahrende häuser [...] ausdrucklafette *ach gäbe es noch gestaltungsspielraum!* [...] in diesem spannungsspitzen [...] frühling für diese gattung & generation

- gehe nach westen (marsfarm) [S. 37]
- gehe nach osten (schule + werkstätten) [S. 51]
- gehe nach süden (freiflächen + außenlager) [S. 41]
- benutze die rolltreppe aufwärts (zum tower) [S. 21]

kalte kriegstrophäe

willst dich aus der erdumlaufbahn [...] katapultieren? *öffne fenster + türen* den frühling [...] erkennst du! am halleffekt am erstschlags [...] echo zwischen den bergen am [...] menstruationsblut der vulkane an *schnee*

wittchens knöchernem finger ziehst du fürsorglich [...] den korken aus der buchse (fax [...] anschluss) & schickst kriegsdrohung + drohnen (auch die [...] schleppen sich ab) per rotem telefon durchs fetisch

netzwerk der post [...] hum(an)en zeitaltertattergreise (dem gleich [...] klang zuliebe *ergänze freidrehende kreissägen*) backbords [...] reißt die klobrille gottes aus der verankerung (da ist dann

halt alles zu [...] spät) haben wir gelernt *vergänglichkeit* [...] *ist ein abstrakter loop* (der sich nicht abstellen lässt) der kreativer zurück [...] schlägt als all das all das ermattet

liegen bleibt während einer irr [...] egulären belagerung durch das lucasfilmreife frost [...] beulenimperium wo der *schneider mit der scher* uns die daumen ab [...] schraubt vom wischi vom regler & *auf*

hängt am linken vorder [...] huf im kreis baumelnd (ein mobile)

für mixli + thomsli

infinitesimalrechnungs-abgrenzungsposten

hirnamputierte sterne starren in mein spiel [...] zeugteleskop als hätten sie mir gerne [...] mehr vertraut mehr *anvertraut* 2 universen [...] beispielsweise (1 ganz subjektiv für mich &

1 im objektiv für all [...] das mit + mischgewese) genug für selbst [...] verzicht unter den ge [...] stirnen die per *gravitätischem dekret* ein [...] oben + ein unten schaffen & erlassen *eine*

ordnung (zum unterordnen) zeit & [...] mutlos schwanken die pulsare wankel [...] mütige potenzen von hellerer beschwernis [...] *zählen wir zusammen* [...] aus einem kompromisslos voll

ständigen universum folgt [...] *zwingend* meine existenz (ist=gleich ein erstauntes [...] innehalten aller dinge innerhalb der dinge) ich staune [...] *also bin ich* (im standby) sind

ja alle daten da *fortwährend* (nur nicht eben [...] zugänglich) wirst dich darin wieder [...] nicht erkennen (es bleibt ein rühr [...] stück + ein) rühren innerhalb der grenzen [...] einer allzu eignen existenz

- wieder tiefer in den schlaf [...] sinken *tiefer (treppab)* [S. 14]

es bleiben posaunen (als stumme zeugen)

der alte weiße [...] hund lacht aus seinem sternbild hinunt *sichtbar* [...] *erschöpft* sichtbar nur vom äußeren [...] erdrand *unser bemühen* vergeblich aber nicht freudlos wir [...] nahmen die frösche

huckepack wie schläfrige dudelsäcke & trugen sie aus (der sack [...] gasse heraus die uns [...] beiden spezies zugewiesen [...] *evolutionsimmanent* oder einfach kraft einer höheren verkehrs

ordnung) *wenn wir die frösche* [...] *vor uns retten* so dachten wir damals & schwitzten [...] sie aus *können wir vielleicht sogar* [...] *uns* vor uns retten jetzt wo die himmlischen heer [...] scha®ren sich ängstlich um ihren zuhälter im

dreck den sie sich scheren um uns (+ unser ab [...] schneiden in dieser *suicide of the fittest* darwin [...] win-konstellation) & wie sie bibbern & zittern! (wo nun das geschick der welt tatsächlich in unseren händen) *tristesse*

ist eine grande dame noch nie [...] war die so lustig so albern beliebt + [...] beleibt *so weise wie* [...] *heute* schnurrt sie (aus ihrer kinderstube [...] herab) wie ein dreifaltiger [...] vibrator *ist sie die quersumme* [...] *gottes* bewiesenstes teilchen

daedalia planum

suchst worte für schnee aus [...] kohlendioxid verteilt wie *papierne* [...] *eingeweide* so
verstreut (metallene [...] käfer) auf feldlinien flanierende [...] käfer auf spannungsbögen
tanzendes ge [...] ziefer nagt die *unter* [...] *welt* an vom südpol her [...] ziept die

vernunft ist zag [...] haften nagern vorbehalten kieft *auf papier* [...] steht sie in reinform
(als kritik an sich [...] selbst) nur mehr papieren [...] die käfer (sie schieben [...] schnee &
sich selbst vor die tür mit ihren [...] schaufeln + zangen) sind *zeugen* der großen ver
[...] blendung wo schnee [...] *weiße flocken von asche* aus [...] büchern aus bibliotheken
aus bild [...] bögen

fallen *etwas riss* [...] *ein* am atlas (im schulatlas) [...] nagt an den *valles marineris* die
welt [...] auf reißt ein [...] die vernunft *& einst wird aufziehen* ein sturm [...] (andere
seiten) wird blättern im buch von der [...] leere *wird einziehen* [...] *in seiten* weiß genagt
wie kohlen [...] dioxidschnee

→ O_2-reserven kritisch!

- spuren im schnee untersuchen [S. 15]
- gehe zurück nach osten (ausgangspunkt) [S. 43]

es haust etwas kreatürliches in ihren kreationist:innenhirnen

klebst an der äußersten hülle der [...] gebäudewand einigermaßen *abstrakt pappst du da* als nackter [...] zusammenhang (als draufblickgeneration) jetzt zur *blauen stunde* auf dem königshaupt von [...] kong zu erwachen nach dessen äonenlangen versuchen übergebührlich park

schneisen durch *x-beliebige städte* zu schlagen & hiervon [...] bilder in einem blassgrün leuchtenden tabernakel an die tate [...] modern zu verkaufen (die aus *vermeintlich hellerer* [...] vergangenheit ragt) erwachst jetzt als kopflaus eines galaktischen [...] affen betrachtest mit trächtigem

abstand (aus drohnenperspektive) ein *godzilla* [...] *genital* mit zig tellergroßen saugnäpfen die in summe der geballten raff [...] leistung deiner ahnen entsprechen *ein wütender* [...] *gorilla* in schlechter auflösung + verfassung der zustell [...] drohnen aus der luft schlägt mit seinen raketen

bewehrten godzillapranken [...] ein klimatreibendes hellfire verrichtet in der dampf [...] kesselhülle einer *terra incognita* der im vollbesitz seiner [...] rotierenden kräfte nicht von der poledance-stange fällt der als muskel [...] massenprodukt aus einer finstren erdölnische gekrochen wie ein dschinn [...] aus ruchlosem

feuer der *wie alle großen herr* [...] s*chaftstiere dieser welt* mit seinem taxameterherz dem zahlungskräftig panik [...] gurgelnden republikaner entspricht in seinem *reptiloiden* [...] *kunstlederoutfit* alles in allem befindet ihr euch [...] (godzilla + du) in fall

höhen zwischen hochhaus [...] schluchzen *jeder telenovela enthoben* du kannst die [...] geprellten mit ihrem *sauertöpfisch verdienten* an der kinokasse auflaufen lassen damit die sich [...] geschwätzig + pulkweise durch straßen (+ haustüren) schlagen um als haus

türverkäufer:innen [...] sich zutritt + geltung + zaster zu verschaffen um den einen *greater* [...] *gain* zu fühlen (x-fach diesen greater gain) mit dem sich ein [...] titanicbauch millionenfach füllen + *kohle machen* ließe

→ fernwirkende wirbel

- ziehen dich fort *von einer wendung*
- *ausgehen* auf einer planke
- balancieren & gnädig sein [S. 32]
- mit sich selbst im sturm

marktliberales frühstücksbuffet mit kinderbetreuung

Sie sind verhaftet! schreit die immobilienhai [...] matpflegerin begeistert *Ihren vorstellungen nämlich von disney* [...] *haften wohnträumen* & was tut der zutrauliche apparat [...] schi©k? mit seinen mandibeln? zerkaut die autobahn [...] zubringer + die spannungswandler + die ortsvorwahl [...] veranstaltet eine transfluide *sauerei* einen [...] *wildunfall* nahe der 50-hertz-grenze einen *herz* [...] *kasper* einen hochkant ungehobelten

kasper der herzen der ganze *kindertheater* [...] vollkotzt mit seiner artillerie platzender [...] arterien (da kommen die moskitos nicht mehr [...] hinterher mit dem aufsaugen müssen *auf sicht schweben* auf [...] gletscherhöhe im himmlischen chorvorgarten der schweizer hochschoki [...] alpen) pitchst dich halt zu tode die *hundlinge die* [...] *damischen (i kann nimmer)* denkt sich die [...] höllenzensi & kegelt sich talwärts ins grab (so *rofl* so ganz + gar kaputtgeroffelt

an der grenze zur physik) her *majesty of all her matjes* [...] *filets* die dich quicklebendig anplärren zum [...] frühstück (bis du dich freiwillig in den servietten [...] ring zwängst & 3x das vaterunser in die müslischüssel [...] zurückwürgst wo du ja auch *hergekommen bist oder* [...] *DARF MAN DAS NIMMER SAGEN?!!!1ß?*) bist vollkommen [...] zerrüttet am ende [...] kreischt noch ein darklord & fordert die rückgabe sämtlicher böhser börsenonkelz

ausgangspunkt

dein überleben findet [...] *statt* als ungesicherter ort [...] von leicht messbarer dauer [...] blickst richtung *westen* vor dir [...] eine ansammlung losen [...] materials verstreute komponenten deiner not [...] landung transformatoren rotierende [...] kreisel ferner kreisende rotoren [...] technologie aus dem vorherigen jahr*tausend* [...] *füßler* (gefräßige eproms im zoom der helmkamera) in halbwegs [...] sicherer entfernung ihr leises schmatzen + [...] flüstern *unstete begleiter* in deinem kopf [...] spürst du

flirrende kälte ziehst deine haut [...] enger um dich fragst dich *was ist das was* [...] *ist hier geschehen* fragst [...] in das schmerzende echo deines schädels hinein [...] die antwort [...] fällt großflächig aus im stumpfen winkel [...] zwischen den zeitebenen verkeilt [...] (verschränkte möglichkeiten) zu deiner linken [...] der *süden* ein stetiger ausläufer horizontüber [...] greifender ödnis (birgt das launische phantom einer [...] biosignatur) aus dem *osten* [...] wälzt sich dunkelheit tieftönend heran verströmt [...] schlieren von wärme violettrosa vor deinen blaugefrorenen [...] füßen *handliche kleinteile* von fraglichem nutzen

→ deine O_2-reserven werden knapp! was tust du nun? wähle:

- gehe nach westen (trümmerteile + *überlebende?*) [S. 45]
- gehe nach osten (sanfter aufstieg zu einem aussichtspunkt) [S. 50]
- gehe nach süden (signale aus dem nirgendwo *eine marsbasis?*) [S. 9]

für weitere anweisungen videosuche ausführen

wenn du blutiger samuraianfänger dein [...] requiem *dein requirement für den weltraum* [...] berechnest & vervollkommnest die kreis [...] atmung (pi) & gegen unendlich dich stößt (an keiner grenze mehr) [...] dann ist von *erleuchtung* auszugehen im strom

sparmodus

passieren manchmal (kaum sichtbar) matte [...] horrorfilme hinter der scheibe *schneiden den hypothalamus* an seiner empfindsamsten [...] hypotenuse wo die angstförster hirnstamm [...] bäumchen pflanzen als zirkusnummer

rockst du [...] buddhistischer ehrenkrieger die *manga im garten* [...] *hentais* allein mit deiner wespentaille [...] kannst du nicht ewig über kopf kalligraphieren mit deinem kugelschreiber

gelenk

an der schwerthand (unter dem ärmel) ein [...] genäht eine blumige verwechslung *alter taschen* [...] *spielertrick* die du ganz ohne fast forward aus den [...] tiefsten deiner vergangenheit zutagebaufördersatzt [...] da stellen sich doch folgende fragen *darf ich*

den telefonjoker anbeten (ab 22 uhr)? [...] wie nennt sich dies hochfrequente sirren *zwischen den* [...] *klimakatastrophen?* bist du mein schwarm? [...] fährst dir (in aller herrgottsruhe) frühs mit deinem

föhn

durchs haar (durchs gemüt) *bei zwölfunddreißig grad im* [...] *schatten* um die *fittesten daten* zu sammeln für die herbstgroßwetter [...] kriegerlage wo wir lenz + lanz(en) brechen für pflugscharen die sich zu mehrfach [...] raketenwerfern formieren

shift clear home

liegst also quer [...] unter der erde klopfst so [...] inwendig an & stemmst dich [...] gegen den lauf

der dinge gegen die maserung + das [...] gewicht über dir bist *auf* [...] *erstandener unverstandener* [...] *aushub so* fühlt sichs zumindest

an da unten tief im ge [...] kröse wo die seele (die sture [...] kaffeetante) nicht weichen will *zweistimmig* [...] *singst du* dich selbst aus dem tief

schlaf des voll [...] robotisierten uranbergwerks *im mare* [...] *acidalium* heißt es [...] *hats halbwertszeiten schon weit* [...] *vor uns gegeben* doch

nie so präzise *manches bleibt halt* [...] *nicht unter der erde* (unter der [...] pockennarbigen haut) denkst du [...] mit furchtsamer hoffnung & drehst

dich noch einmal im [...] grab um

→ mangels schutzkleidung erleidest du eine gefährliche strahlendosis

1. tippe mit geschlossenen augen oben möglichst mittig in den text
2. öffne die augen
3. berührt deine fingerspitze druckerschwärze? dann überlebst du diesen ausflug knapp (andernfalls *GAME OVER!* play again?) [S. 36]

- rückreise zu den wohnkuppeln [S. 49]
- rückreise zum siedlungszentrum [S. 47]
- rückreise zum transporthub [S. 35]
- rückreise zum hangar [S. 11]

idyllische missempfindung 2.2

fragst dich im schlaf *wie lange noch* sie unschuldig [...] heulen (im hintergrund) & *ab wann die eulen* [...] kinder verstecken hinter dornröschenhecken im schlund [...] banger schafe die geduldig sind & dann

finderlohn verlangen & klagen (sich durch die [...] instanzen) & nicht checken dass die kinderwunschkultivierten eisprinzen & essig [...] essenz-eminenz:innen sich längst ihre ranzen voll [...] schlichten mit rinderfiletstückchen mit *erlahmtem*

schuldbewusstsein an der quersumme unsrer bilanzen *verrecken &* [...] *nichts mehr pflanzen* weder same (noch un [...] schuld) & nicht mehr auf tinder mit den [...] gäulen durchgehn & du [...] fragst mich im zorn ob *hybrid*

schafe oder -motoren uns gerettet hätten mit unsren [...] pfründen *wer kanns ergründen* es tanzen die [...] spinnen unter den decken der unschulds [... *schsch!* ...] lammschädel im schlaf

neuromantische naturruinen

es gilt kulissen herzustellen die selbst hier [...] draußen in *nichtklimatisierten räumen* [...] lebensbereichen ähneln (authentisch wie werbe [...] industrielle sehnsuchtsorte) so grün *#43A021* [...] *gestalten wir natur* wir haben [...] vorlagen in 3d wir müssen nur unsere einstellung [...] ändern (den proxy) um gerüche zu [...] simulieren die sich an [...] fühlen als ließen sich fenster öffnen [...] *blockiert? es gibt einen work* [...] *around im darknet* wir dürfen wieder voller [...] optimismus in die vergangenheit [...] blicken als hätten wir noch nicht allzu viel [...] verloren *da ist noch luft* (gewesen)

→ du entdeckst einen illegalen internetzugang

- benutze den zugang ins darknet:

- gehe nach norden (business + services + behörden) [S. 47]
- gehe nach westen (rechenzentrum) [S. 54]
- gehe nach osten (biologisches versuchslabor) [S. 38]

grenzgang instandsetzung

reparaturbedürftig umarmen wir kulissen [...] schafe *letzte gewissheiten* auf parkplätzen [...] bringen wir eine verbrecherische geduld füreinander auf (die *krähe* symboltier 1 die [...] *schnecke* symboltier 2 + absurde leise

treterin) & lauschen dem [...] ticken der herzen + hirnprozessoren (hinter 3d-brillen) zählen fieberschübe *einatmen &*

einatmen

EIN-ATMEN &

einatmen

EIN-ATMEN & *es gibt*

grenzen (auch bei zärtlichkeit) *selbst bei* [...] *entrückung!* gibt es begrenztheit & wir SPÜREN es! *liegt in uns + an uns zu sein* [...] sprach die chef-animatrice zu ihrem chef & [...] SPERRTE IHN FORT! was aber

nehmen wir mit vom strand *zu sand* [...] *geschliffenes glas?* einer vergangenen zivilisation + eine scharfe brise [...] schnupftabak + das echo vom fernen brenner *wiehernde ochsen* [...] *gespanne* rand

voll mit lebkuchen so rücken wir ab [...] von jeglicher wortklauberei (die bestandsaufnahme fällt verheerend aus) *unlängst* [...] *das bad ausgekippt* mit dem meer + all [...] seinen kindern

POLIS

unerlaubtes unterholz

mal dir einen sanften auftakt (einen leisen [...] sommer) denk bei *trompeten* ein paar takte [...] nicht an jericho oder *himbeergelee* denk an [...] bauchige frösche aber nicht an *biblischen*

hagel aus platzendem rot denk nicht an [...] geister (dämonen) die sich beliebig zu [...] seuchen verkleinern insektengerippe blend [...] aus die *kahlen zweige* sind dichter als barten (gerippe der

blätter) brechen das weiß [...] ein prisma aus bytes (die durchwahl der [...] farben + daten) denen kein tertium je [...] datur *kein aug des zyklopen* die blätter zersetzen die farben die luft [...] ein gelee mit eigener topo

grafie im [...] sägtakt der altweiberwählscheiben flirrt noch ein backup von sommer [...] lichtverhangenen wäldern analog (*fällt hier sonnenlicht* geräusch [...] voll ins laub) frag nicht *wo verflüssigen spinnen* [...] *die bäuche* der

sportbogenschützen? wann sind die *trocken gerührt + zu staub?* was [...] siehst du im *polyäthylen aufgewühlter* [...] *sümpfe?* & wer misst die strahlung? die [...] kahlen zweige? sind daten

- ich fahr hoch! [S. 14]
- ich wälz mich (& wälz mich & wälz mich) nach links [S. 32]
- ich wälz mich nach rechts & zieh mir die [...] *decke! über die ohren* [S. 33]

variationen von klimaprokrastination

im sommerlichen rascheln der holzplantagen sagt jede [...] einzelne fichte oder kiefer *hey ich bin ein* [...] *nadelholz* ein nahabholzungs [...] ein *erholungsgebieter* & bereit

sofort in flammen aufzugehen (ein [...] trockener scherz wohl oder übel eine [...] ungeschickte prognose) am ballungs [...] zentrum (für die geballte paarungswut plärrender spatzen) zerrt +

zehrt mit brennender [...] geduld die *autobahnbrandung* [...] *aber ja!* es gibt sonnenschein + das [...] sommerliche rascheln im blauzahnkopf [...] hörer *ist ja nicht so* als käme uns der

sonnenschein abhanden die *urlaubs* [...] *destinationen* (die funkeinheit anders [...] platzieren?) du darfst nicht zu munter [...] *& nicht von krise* sprechen in deiner [...] drohgebärdensprache erst mal durch

atmen (schöner wirds nicht mehr für [...] niemanden) aber *jetzt!* klingelt die welt sich [...] wach ein *erweckungsanfall* auf kränen krähende krähen jetzt [...] gibts kein halten (kein kreuzlüften) mehr

farnloses abbild eines fernen (waldes)

diese *erde* kennst du nicht [...] auf dem die körper halb [...] versinken halb ertrinken du weißt es [...] wuchert wächst das licht fließt aus den himmels [...] körpern *es will die himmel*

spalten die im gegenschlag der pflanzen [...] längst erkalten *die zähen feuer* deren [...] schweres leuchten im geäst [...] verfängt *hier ist ein wald* aus erd [...] öl *kunststoff* abbild eines

andren *fernen* (der für seltne [...] erden leergepumpt + ausgeschwemmt wofür wir jetzt [...] bezahlen mit dem leben unsrer mars [...] verseuchten körper) *tier +* [...] *pflanze sind hier artwork* platzhalter [...] plastik

gezüchtet + *gezogen aus der* [...] *depression* aus künstler [...] innen händen die [...] erinnern an die gestreamte erde die sie [...] nie belebt & nie gekannt dieses gefühl zu [...] riechen + zu sehen + diese [...] *schwere* wie es wäre [...] dort zu gehen?

→ du gerätst mit kontaminierten pflanzenteilen in kontakt!

1. tippe mit geschlossenen augen oben in den text
2. öffne die augen
3. welches wort berührt deine fingerspitze? wie lautet der 1. buchstabe?
   wenn dein vorname diesen buchstaben enthält *dann hast du dich vergiftet! GAME OVER!* (play again?) [S. 36]

- gehe nach westen (freiflächen + außenlager) [S. 41]
- gehe nach osten (trinkwasserspeicher) [S. 16]

kabarett für kabbalistik + kannibalismus

(allmählich wirds wärmer) da gibts ein *wirbeln +* [...] *stöhnen* von abgefeimtestem 80er jahre [...] horror über das werden oder *gar alt sein* mitten im [...] stimmbruch (als strandgut vor high schools) da fällt mir die [...] *stirn in die suppe* da

füllt sich mein hirn [...] stamm mit stromstößen vom weihnachtsbudenzauber die [...] *haut ziehz mir ab* unterhalb des diskursspiegels [...] franst alles aus bleibt bloßes [...] stammeln in diesen *disneyfilmen voller winselnder wintermomente* ein

marketing [...] zauber ein selbstverzehrangebot in weihnachtlichster hollywood [...] gläubigkeit *da! durchfährt mich* (dolby surround) ein alien mit donald [...] duckstimme das *mehrmals hintereinander* meine brust [...] durchbricht um mir

bequemer an die kehle [...] uns *mittelständlern jetzt mal global an den kragen* [...] uns leuchtwürmern im schnellkochtopf (ja, es *wird* [...] *wärmer!*) bleibt ein standhaftes nicken [...] im schlick der streamingdienste wo dampfdruck allein

sämtliche [...] druckerzeugnisse verdichtet zu einer paste aus visionen [...] *krümmungen in selbstmitleid* (beim vertikutieren von tante emmas kolo [...] nialwarenballaden in denen wir jede woche 52 [...] eier ernten &) *in tauch*

anzügen demonstrieren für verdeckt-verdreckt- [...] verreckte lieferketten auf traktorenrücken *mobilen umsatz* [...] *generieren* in weihnachtlichstem zweifel an uns [...] selbst transpirieren wir tränchen in klarlacktarnfarben für faschismus

(blau + rot) wo wir alles für *gesund* halten was uns selbst nicht [...] widerfährt wo wir unseren *eigenen esoterik* [...] *himmel* wo wir *sternlein perlen* hören + die *stöhre* mit ihren [...] signalen + die fastenden flüsternden fröstelnden erlen

migrationshintergrund marslandschaft

vor atmosphärischen brems- + wühlgeräuschen lauthals [...] *vögel neu installiert* +
landwirtschaftlich [...] unterlegt mit zwitschernden beats da bleibt nicht viel [...] glanz
(unterm dunst) über die blutfahlen wasser [...] flächen der speicher winden sich spuren

meteoriten oder *kondensstreifen* oder er [...] schlaffende sonnen strahlen brüchige [...]
spitzen im fleisch dieser winter [...] erinnerungslandschaft *ein dorn!* im augapfel bloß
[...] weist nichts auf einen friedensschluss hin auf ver [...] söhnung mit dieser welt wo
jeder vogellaut dich

köpfen will *vielleicht sinds die straßen* auf denen [...] hoffnung begradigt liegt die
geländeform asphalt menschheitsgeschichtlich ein [...] dantisches drama [...] nebst
artifiziellem amselsound der dermaßen [...] angedickt (um in der dünnen atmosphäre

durchzudringen) wie es sich anfühlt! *ohren zu* [...] *tragen* die so wenig angepasst an
diesen [...] planeten ein *sparsames glück* sollst du haben sollst hier rasch so [...] staub
+ stumpfsinnig werden wie deine arbeit *ein hangar* als über [...] lastete winde zieht
verzweifelte empor auf diese welt

→ an einer zapfsäule tankst du O_2! nun wähle:

- gehe nach westen (hangar mit randständiger spelunke) [S. 11]
- gehe nach osten (siedlungskern erkunden) [S. 47]

nutznießen + tanken (aber bittschön normal)

sind wir bloß triebwerk oder *wagen* [...] *wirs zu hinterfragen?* unsrer triebe werke die [...] routiniert rotieren schon mit drehzahlen wie im

umlufthherd wos halb so hitzig halb so herzig wie die [...] *venus* bleibt ja unbeeindruckt von unsrer luftfahrt unsrem heißen [...] röllenhitt von mondblug

oder laufgebläse von unsrem wühlingsfriesen [...] duft hermetisch hinter bullaugen (braven seelen [...] fenstern wummernder waschapparate) bei

zwölfhundert u-min gelingt selbst einem zuspät [...] romantiker kein seiteneinstieg mehr verrenkungs [...] *frei sind wir + groß*spurig einhellig + stetig *high*

way to hell! auf frischgefiederten straßen [...] *schlachten wir klimagender-klebesternchen!* rufts [...] hinter den 7 bergen (der tod ist ein autobahn

meister aus deutschland!) lasst uns *das auto leben* [...] wie adipöse einkaufswagen über allem schweben

über den wolken (muss die freiheit wohl) über allem [...] woken lasst uns weiterhin *grenzenlos sein*

prolog [...] ikarus sieh! mensch kann fliegen

verpflichtet sterblichkeit eigentlich *über die* [...] *wolken hinaus* (ich frag für einen toten freund) [...] einen planeten zu verlassen? (das *ist* doch wie

sterben) leben auf einer blut [...] kochenden staub-eis-wüste ohne atem [...] luft + flüssig wasser & die erde [...] *ausgesiebt auf den kompost* [...] *geworfen* wer pflegt welchen garten eden jetzt wo [...] wir ein altenheim ein

urlaubsraumschiff das ein groß [...] mäuliger minotaur aus seinem irren [...] labyrinth erbaut mit der bloßen zentrifugalkraft seines [...] ketaminsatten egos *billionen mal sonnenmasse* licht [...] quillt (eine unheilbare masse licht) hindurch [...] *geschleudert* durch die höllenpforte

springt der himmel [...] auf an metallenen federn *ikarus! wir* [...] *fliegen! fliehen!* ins rostrote exil *remain in your seats!* [...] diese sitze von den [...] *händen unserer* [...] *VÄTER erbaut* dienen [...] der bequemlichkeit [...] + deiner sicherheit [...] *bleiben Sie sitzen* [...] solange das flugzeug [...] solange die welt noch [...] nicht am endpunkt [...] (zerschellt)

→ technische probleme erzwingen eine notlandung auf dem mars
- notfall-raumanzug anziehen [S. 43]

wir sind die alphas bro

flattervogel! *vor(ver)letzer deiner art* piepst + pickst am ende deiner nahrungs [...] kette würmer aus der erde würmer (aus styropor™) *& wir lauschen* deinem sterbe [...] gesang in high fidelity dein *tot in surround* steht für die

evolution der klangwiedergabe für *ganz* [...] *neue ansätze* im klagegesang erprobt in betonschächten (+ schädeln) in die ein [...] laufender meter elefantensäugling fällt (& tiefer rutscht) im bassbereich das brüllen der *mutterkuh als*

soundfile [...] zum test künftiger anlagen der milchwirtschaft *wir lassen keinen unver* [...] *schütteten moment* keine ressource unverschwendet (wenigstens flüchtig) [...] lässt sich *aus allem* ein einwegmöbel zimmern ein elfenbein [...] schrein (du hörst es mit

geschlossenen augen) für *ein wunder* von einem mambafarbenen mit schlangen [...] haut ausgeschlagenen (stereotypischen) *plasmafernseher für wohnzimmerpracht* [...] *männchen* mit moschus-ego (für die leichenübertragung aus katar in 8k)

transmarsianisches abstellgleis

schon wieder! kappts die verbindung (schmauch [...] spur) & wir? glauben dem zwitschern der [...] *blitzschach-scheherazade* wir können uns die [...] brave njuuwe welt er [...] gugln *glauben wir können unsren scheiß ver*

lotsen delegieren an die *die wir* [...] *erst noch auf diese welt schmeißen* (mit ihren [...] schnellwachsenden fuß [...] abdrücken) da gibts ein mächtiges *wider* [...] *besseren wissens* ignoranz ist ein

innerer vollmond auf höchster heizstufe wer [...] fröstelt? dann doch lieber sonnenaufgang mit [...] notkaiserschnitt *vocals* [...] *aus dem einfrierbahnhof der gregorianischen vor*

hölle hyperloopmätzchen mit dem [...] ketzerischen fiepen einander un [...] bekannter algenarten (1 gramm [...] wesenhaftigkeit) schaumbildung die [...] milliardäre zur religion erhoben arglos

platzende schneckenpopulation [...] *marinade* aus sich allzu viel [...] versprechenden geistern *konservative* [...] *schätzungen* die uns erlaubten [...] ladungen (da kommt sie! die [...] güterkapsel vom hangar) auf

halde zu produzieren (unser [...] bemühen ist nicht einmal redlich &) wird uns *auch keinen* [...] *zauberhut mehr* herbeikasperln aus dem [...] wir ein klima ziehen (den treibhauseffekt [...] konnten wir leider nicht mitnehmen)

→ hier wird soeben eine güterkapsel bereitgestellt

- als blinder passagier mitreisen [S. 29]
- gehe zurück richtung osten (recycling facility) [S. 28]

ebay dubai bayern bye-bye

ein wenig zuchtmeisterlich glänzen muss der firmenadel so vermögend (steuerbefreit) so täuschend [...] zahnlos *wie sand in der wüste* als hätte er aus purer [...] güte den zahnärzt:innentermin vergessen *prophylaktisch*

zu feindselig zwar um [...] schatten zu spenden bei diesem ross + reiterding (wie sand in der wüste) lächelt er [...] heerscharen von versklavten (durch seine hauptschlagaderstadt) bewegst dich sprichwörtlich [...] auf dem abstell

gleis weißt ja *werbestrategisch wär es ein* [...] *fehler* sich fürs fortbestehen der menschheit einzusetzen (auf derart unsympathisch [...] glamourfreie weise) buchstabierst du *business success* wies sucking *weltende* das niemand mehr groß

herbeischreien muss da kannste (ahnungslos) [...] tänzeln *from the hedge to the edge of the moon* mit lachhaftem [...] geprahle die endless vormittagssonne winkt + wonnt wie ein recycelter [...] ostblockpotentat (muss sich

keine dentale vorsorge leisten) darf lachen + [...] entgleisen *in bester treibhauslaune* die chefetagen pflegen [...] gewinnversprechendere sorgen als das pure überleben (darauf kannste einen kleben)

interniert in einem ex-heimatplanet-museum

einmal im wasser liegen in einer brausenden [...] simulation sich bänder sich streifen [...] weise abstreiten die alte haut das unauslöschbare [...] verlangen fließenden wassers auf haut ab [...] wickeln die banalste vieler unbegreiflichkeiten [...] wie *oberflächenspannung* (des wassers [...] *haut*) als geflochtene (als haarige) metapher [...] für abwaschbare rohstoffe nein *austausch*

bare komponenten zellkulturen! (mit erinnerung!) [...] beachte hierzu die verwaltungsheroischen verdienste [...] (traditionsreicher geistseher oder geister [...] hafter traditionsvorsteher) *natürlich* [...] *fragst du* wie damit umzugehen sei die *zell* [...] *kulturen* (memorizer) die an handrücken ähnelnden [...] wedeln elektrischen impulsen folgen *ladungs* [...] *teilchen* die sich aufsummieren zum

empfindungszentrum im [...] 8ten stock (in der tortenunförmigen orbitalstation) in den raketen [...] silos ein *neuronales geäst* unter den talaren unter der firmen [...] dachluke verdrahtet mit unserer biologie mit den [...] resonanzkörpern einer uralten kultur in der [...] umweltgifte indikatoren für wohlstand (alle [...] dachten *wir hätten das längst hinter uns*

gebracht) verdeponiert + versiegelt sprechen [...] wir von vorfahren aber niemals von dem ver [...] fahrenen glück überlebt zu haben *die mutter* [...] *aller umweltkriege* um die letzten [...] atem- & trinkbaren ressourcen (überlebt + [...] geflohen) dieses teure + durchaus verzweifelte [...] privileg *staub zu schlucken* + nicht wieder [...] zurückzukehren an diese leerstelle mit

schmerzensheller sonne wo tag + nacht [...] 4 mal 10 minuten weniger betrugen nein [...] *betrogen* wurden wir! & unfallflüchtig! [...] (sehr homerisch) wie wir uns (einst ins all [...] verflüchtigt) diese erinnerungen mit herauf [...] oder herabgeschleppt auf den roten (auf den [...] toten) planeten *jetzt sind wir* die post [...] apokalyptischste generation im all

- gehe nach westen (schule + werkstätten) [S. 51]
- gehe nach osten (wohnkuppeln) [S. 49]
- gehe nach süden (trinkwasserspeicher) [S. 16]

MP (mana ist geladen + entsichert)

hubschrauberfuchsjäger franz [...] josef strauß & die kraftwerkunion erlangen haben die atom [...] kraft *eigenhemdig* (also mit zurückgekämmten armen) [...] erfunden *selbstredend* & zum wohle aller (bajuwaren) *in die flussärmel* [...] *hinein gekrempelt* zur konsequenten rettung aller [...] vom wetter betroffenen denn! wenn wir 1 übers wettern wissen dann *a)* [...] geht auch wieder vorbei & *b)* können wir eh nicht viel tun außer vielleicht *schöner* [...] *baden gehen* & tätlich (an jedem wochentag mit r, s oder t) karpfen + [...] rindshaxe + schweineschwarte als wär jeder happen ein letzter [...] versuch den künstlich geweiteten kragen (bis zum *seligen infarkt*) endlich [...] voll zu kriegen

bang stammelst du unter der decke

wenn du noch *drin* bist in dieser [...] *mutterhöhle* spüre die abluft das [...] abwasser den abglanz spür die [...] abgabe (von abgasen) spür sie [...] abgöttisch versprüh das

bläh! das aerosolische luftreitertum die [...] überträger von krankheit + daten & wie *ga* [...] *lopp!* sie flottieren durch die verbotenen [...] zonen (diese kleinen reiterchen der [...] anaphylaxie) *rühr dich!* rühr sie

nicht an (wie saftig ihr echo an höhlen [...] wänden schwappt) hin + her (stereo [...] feldversuch) wie sie davongurgeln + sich wieder [...] holen & alles

verwertbar *d'accord* (als [...] bild oder wort oder gen) ihr seid schon [...] son absurder ausschuss *shakespear* [...] schreibender affen die einen gott [...] bemühen der sich um eine tiefe

stimme bemüht wenn er inmitten der fix [...] sterne *damn it* sich wortlos abmüht (um [...] licht einzufordern) aber so *sprach* [...] *los* da schöpft sich

nix ohne das [...] wort das da aufgehen soll wie son sonniger hefe [...] teig im bienenstockdunkel (meinst du nicht auch?)

→ *ich rieche! die erde die* [...] *blaue!*

- mich hat was wach gestochen! *(wars eine* [...] *biene?)* [S. 38]
- wälz mich nach links richtung *waldrand?* [S. 39]
- wälz mich nach rechts *(fort von hier + den* [...] *farnen + bienen!)* [S. 12]

die bible bellt + müsste dekarbonisiert werden

ne nebelschwade hängt so autoaggressiv herum hängt [...] ab vorm heim (da spielen wir domino) wir ahnen *gehorsam gegenüber den ahnen* = kadaver [...] gehorsam = *tradition* als könnten die toten

mäuler sich öffnen zur predigt der [...] würmer + asseln die aus erdigen gründen fürs gift [...] *zwergerlnde mannzbild* votieren die ach so durch [...] schaubar *o happy kadaver* interesse am leichen [...] schmaus hegen in ihren blumenrabatten rasseln (die asseln) heim

liche *siegermächte über körper* [...] teile (+ herrsche) radioaktiver veteran! an der ab [...] raumhalde rast (in peace) das schnaufende schaufelrad vorbei *randvoll* mit grund [...] schüler:innen mit lebensbewältigungsroutinen von a bis z als kreuzung

(als kreuzzug) zwischen marodierendem [...] wildschwein + trumpduckdonald ronald dumpdick so stehts im fuck [...] simile (smiley!) der ahnenreihe aus toitschland wo alles von grund auf so great so gretchen again but *in witch* [...] *grenzen vor fünfundvierzig?* da sind wir

grenzenlos optimistisch dass uns da [...] einige zehn1000 autobahn-km zusätzlich in eine *glory reiche* [...] zukunft führen werden als *chlorhühnchen* auf speed (als animus-upload eines schlaf [...] wandlerisch aussterbenden tiers) am rande der müllgebirge hats

sich ausgestolpert kein kirchenchor der singt *wir haben unsre rituale* (miss [...] brauch sei ausgeklammert) + probleme *oh my lord* in [...] caelum (in caesium) & jetzt *genügts nicht mehr?* ein alter lebens [...] leistungsträger zu sein & als nostalgischer wonneknacker

zurückzugedenken an eine kriegswinter [...] kindheit (die du nicht mehr erlebt) im hirn großpopulistischer [...] feldherren mit ihrem gefrorenen hitlerjargon herrscht kollektive [...] überforderung weil! das wird man ja *wohl noch sagen* jagen verheizen besitzen [...] missbrauchen dürfen (im namen der ahnen)

lan-party im parterre (pour ernest le vampire)

du lauschst (der datenübertragung deines [...] spielzeugboots) & staunst *wie* [...]
organisch die wörtlichen reden sich [...] fügen wie es abhebt sich aufchickt + wingt zur
sprachlichen [...] finesse zum *flügelboot im abendrot* ein graus! ein grob

körnchen wahrheit im getriebe [...] versandet (knirscht + entlädt sich +) *trieft!* als
kinder [...] stimme aus dem transformatorhaus (kriecht der tiefstrom [...] wurm *im kreis*
herum ei [...] *der daus*) trägst deinen dienstaufsichtsmantel wie nen ehren

wimpel nach bestandener reifendruckprüfung (dein [...] vokabularium *zunehmend*
zudringlich sich der eigenen [...] endlichkeit *bewusst*) [...] *sein* erklärst du der KI deines
drachenboots *ist erstmal voraussetzung* [...] es kreischen die kaubonbon

boys widi-bumm *wofür* fragt sie spitz [...] *ressourcenmanagement* lächelst du [...] weise
während sich die humanen [...] ressourcen dem *abgrund zu* [...] *neigen* weiß deine KI &
treibt die in [...] karies wund

gewendeten diabetikerknirpse die [...] *niagarafälle* empor *wie fische* denkst du die [...]
paddeln sich tot in ihrer [...] spielkonsolennot & du? [...] erweist dich als traumsequenz
auf silizium [...] aus der du erschrocken empor

fährst [...] in die ewig trockene eiswüste des mars

→ *ich hab vom rechenzentrum geträumt! oder* [...] *träum ich noch?*
- ich schließe den deckel [...] (*den sarg!?*) & wälz mich nach links [S. 20]
- ich wälz mich im *schlaf (in wessen schlaf!)* nach rechts [S. 39]

die schweigende mehrheit ist klein + laut in ihren frischgewichsten stiefeln

sie gehen als muttersöhnchen bis zur unkenntlichkeit zur motoröl [...] spende in die basilika des basilisken (herzjesu aus der gebets [...] schlachtschüssel) *wen würdest du derart aufspieß* [...] bürgern um deines lebensstandards willen auf teufel *kommt-da-endlich-mal-jemand* [...] raus? da solls ja ganz unterschiedliche stimmen geben *diese (hier klicken)*

spricht aus dem höllen [...] schlund der tiefgaragen (darin die alteingebornen alter [...] nativen auf parkdeck 18) wer diese schranken einmal auf [...] gebockt *lässt die ja unbescholten* nach ottonormalhause lidln in deutschen marken [...] butterautos (deodorierte 08-15-männlichkeit) im wehr [...] sportswingerclan ist jede ihrer gesten behaarlich grobflossig

vollgepornt mit einer floskel [...] mischung aus zementsackigem anpacken + trotztollem abrotzen auf *(wie heißt die frisch* [...] *käsetorte aus unsrem ostimport?) cleopatra!* mal adipös mal mager [...] fisch im grunde fleisch- + militärausgabe & wo *zu dieser urzeit* milch + honig [...] powershoppen? hast du schon mal jenseits eines zoos *ne elefantenkuh* gesehen [...] im *schengenraum?* wollt herr zoodirektor nicht

die kugel aus dem kopf ihr saugen oder [...] singen? (etwas von *don't need no education* ungewiss wie mit der doppelten [...] verneinung umzugehen sei) *gibts noch ein außerhalb des zoos?* weniger als 4% der wirbel [...] tierebiomasse ist weder mensch noch nutztier so *kalben elefantenkühe* ihrem [...] untergang entgegen (was interessierz die herrn der schöpf

kelle an der fruchtfliegenbowle im voll [...] klimatisierten *hannibal@all-inclusive-tagungsraum.de*) der tinten [...] fisch der selbstliebe + verachtung besetzt die hitzetoten innenstädte *gewaschen +* [...] *geföhnt* der knochentrockne garten eden (von fortgeschnippten kippen) in brand [...] reden gesetzt *gleich morgen früh wirds wieder frischer!* (das macht [...] die herzenskälte)

es gibt diesen fortschritt noch immer

ein scherenschnitt aus technokraten [...] träumen schwarz vor aufgehendem [...] horizont da *weiden* nein defilieren die terra [...] formingmodule (kreuzung aus [...] klonschaf + ölbohrplattform *ein drittel herde* [...] *zwei drittel autokratie*) sie waten über die [...] verkraterte werkbank der planetologen [...] waten hüfthoch im staub den der [...] sturm heranträgt zu dir

herabpresst auf dich in deine [...] lungenpresspumpe & die sonne [...] *milcht aus* zittert herab so honiglich in dein [...] unverhütetes [...] glotzen wo sandstrahl um sandstrahl [...] beide lider dir ab [...] schmirgelt *eine fehlfunktion in der herzlungenmaschine* [...] liegt wie du weißt dem terraforming [...] zugrunde ähnlich einer viel älteren [...] großen erfindung die niemand mehr [...] kennt bist du windgeschliffen [...] geschleift + gescheit & es eitert du [...] siehst *im westen* die schatten der [...] terraformingmodule *im osten* [...] siehst du sie untergehen

→ (ein schwindel erfasst dich) du stürzt die felskante hinab

- GAME OVER!
- play again? [S. 36]

wie sie alle dem atomköfferchen hinterherstarren

gibt keinen anlass zur hoffnung dass derart viele [...] kleine fische auszumachen sind in der *tsunamiwelle* [...] politischer unwillensbildung (ohne das mit unseren engsten nachbarn [...] abzusprechen) stellen wir uns die menschheitsdämmerung vor als [...] *astronomisches großereignis* doch die kreis

bahn der welt bleibt (von außen betrachtet) [...] lustlos wie *eh + je* kaum eine nuance luzider wird die sonne strahlen selbst [...] venus + mars werden unbeeindruckt bleiben & aller voraussicht nach [...] *unbesudelt* (unbesiedelt) kommt da noch der protestsong im abspann der

chor der verhinderten generationen? wie geht die *ad hoc* [...] *definition von hoffnung* dass es nicht (oder nur [...] langsam) schlimmer wird?

unverstanden bleibt) & du merkst (im prozess) dass [...] niemand deinem gedanken folgt außer [...] dir *dass du selbst derjenige bist* (der aus deinen [...] gedanken folgt) deine gedanken *also nichts* [...] *weniger als dein dir vorauseilendes*

ICH als quantenphysikalische [...] verschränkung *mit dir selbst* (ein tunneln [...] im hyperloop) ein eis [...] laufen *auf zeit*

→ die güterkapsel hält an

- kapsel unbemerkt verlassen [S. 47]
- kapsel am nächsten stopp verlassen [S. 49]
- bis zur endstation weiterfahren [S. 42]

collapsing corpse (makak)

(1)

wirst hin + her geworfen auf ner schaukel inner laube inner waschma [...] schinentrommel *du spürst erstens* die kraft die es benötigt [...] hätte (dich zu befreien) zweitens wie die kabel [...] binder angezogen um deine knie mit dem zirpen von insekten & wer an ihnen [...] zieht! mit fleischwölfischem grinsen *die trollroboter aus dem albtraum?* haben dir was in dein [...] glas getan *mit 12 fang ich zu rauchen an* singt das mädchen aus der werbung lacht [...] dressiert so glaubhaft unbeschwert aus milchiger schnitte (so werd ich bestimmt nie [...] lachen wenn ich mal kind bin)

(2)

rien ne va plus die welt rotiert (ein kinderkarussell) der schwindel [...] keeps the world go round (lässt die welt ausleiern) aus der werbung [...] winken *frühstückscerealienaffen* mit furchtlosen frucht [...] loops als augen die softdrinkclique regiert! (den durchsatz steigern bis ins [...] koma bis ins kanzleramt) da hupt der marktteilnehmer™ uns [...] *zurecht!* watscht mit unsichtbarer hand *achtsam akzeptable* [...] *atmung absolvieren!* wir in diesem kreisverkehr in unsrem fall [...] speien wir uns leer

(3)

wir hatten uns auf einen vollen tisch gefreut wo jemand uns [...] erklärt wie es so wär wie es zu sein habe (in der natur) *da gibts nur* [...] *mann + frau!* + spaltpilz-algorithmen (asymmetrisch atomare cyber [...] kriegszäpfchen) (wann haben wir uns die bloß selber [...] eingeführt) in der natur! *gibts keine fraktur* zwischen gebiet + dem [...] gebieter (+ denen über die zu gebieten *mit aller macht* [...] *geboten* sei) & wer sind wir? *künstler:innen!* turmspringer:innen (mit künstlich zugeführten [...] glückshormonen) die richtung permadeath sich kaprizieren weit überm leeren [...] wasserbecken hat der kampf ums wasser längst begonnen

deep hearing field

projektil auf einer fläche eis (endlos [...] schmal dahin gestrecktes) *diskursives* [...] *gleiten* mittels kühlem verstand *bloß nicht an* [...] *halten oder stoßen!* (zwischen unsichtbaren niederspannungs [...] planken) ein *horizontaler hau*

den lukas bis ins joch [...] bein aug (hirn) dieses planeten fahren [...] zu landschaft verdichtet hasten krater [...] vorbei *es gibt verfahren* (+ [...] aggregatoren) *um all das in daten* [...] zu wandeln + daten in unerwart

bares glück (für die glücklose masse) keks [...] fabriken soll es einst geben *statt* zwangs [...] arbeit (m/w/d) *trotz robotik* auf diesem [...] planeten *ists leben witzlos* hin [...] gewichste ABM + livestock

zuchtmaßnahme von schreibtisch [...] leuchten ersonnen (im höheren bewusstseins [...] innendienst) als *human resources* [...] experiment zwischen verkrüppelten sonnenauf + [...] abgängen *jetzt! die licht*

blase auf [...] stechen die *drahtharfe* auslaufen sehen [...] subversiv bipolar ihre metallkehle [...] blubbert (einmal aufgezogen) wie ein stehauf [...] teilchen *quer durch den reich visionierten*

tisch dieser landschaft wo sich einst blü [...] hende masttiere stapeln sollen *sich* [...] *decken!* im dickdarm die dackel im dünn [...] darm die düsenwürmer *es ist nichts* [...] gesagt & doch hör ich mir zu

beim denken (wird mir ständig! die zwangs [...] maßnahme bewusstsein zuteil) *haltet euch fern!* [...] von sprache (im allgemeinen) von jeglicher [...] zwischen den zeilen fluoreszierender [...] sprache *ey digger! versteh mal dein dasein!* beliebig

austauschbare einzigartigkeit (& warum [...] ausgerechnet du all das mitbekommst was [...] um dich herum geschieht *sei glücklich!* sei [...] geglückt) hörst dus jetzt? (das dritte mal!) wie [...] etwas *über metall?* schleift bis

erkenntnis sich einstellt ein verirrter [...] lichtstrahl in einem radiosender (den ich [...] bisher besser nicht kannte) *deep hearing* [...] (nenn ich das) der prozess wenn du zeit als [...] anleihe begreifst als vorgriff (auf etwas das [...] lebenslänglich

(4)

wirst angepingt von hecken [...] schützen (aus dem wirtschaftsbeirat der deutschen chemie + autoindustrie) im daten [...] strom zerfaserst du (verrostest wie ein fisch kadaver) & das palaver! wir hätten uns zu [...] beugen dem wohl *der IG farben* sind

wir nicht alle widerwillig? widerwärtig? gegen [...] wärtig glyphosatiker wider besseren wissens? (die sich zu beugen haben) *es spielet auf die glaub* [...] *würdigkeit* die sich eilig die krawatte bindet (die sich für ne krawatte [...] hält) & sich das kunsthaar färben lässt vaterunser wir glauben den [...] machern die etwas

bewegen! denn der *glaube ist eine burg* & jede burg [...] braucht ihre HERRN & deren vorteil wächst im glauben über den horizont der [...] übervorteilten hinaus (man könne ja mal hinschauen!) macht ist *selbst* [...] *verständlich* maßlos + so lächerlich von anfang an (schießt sich der kreis [...] ins π)

barbarisch + breitband die entsorgungssysteme

bloß dass wir kolonist:innen ja dermaßen viele [...] arme + hosentaschen + leiterwagen + [...] ladeflächen + shuttleladungen voll [...] schutt dass die terraformingmaschinen fast [...] dankbar für das *ganze geschiss* um die diversitätsgrenzen sprengende viel [...] falt von elementen in unsrem ererbten [...] *müll* den uns die ahnen (mit mhd + [...] halbwertszeit) so fleißig hinterlassen

schafften ein gemenge (ein fraktalding [...] strategischer verantwortungs [...] entsorgung) angehäuft + angestaut + [...] abgestammt aus so vielen gedanken [...] los gepolten leben *eingelagert in den un* [...] *endlichen wampen* einer aufnahmebereiten zukunft (weil sich ja alles selbst zu [...] kompostieren schien) *schmierig* +

hangab die pfade ins gift [...] denn müll ist so simpel so wahr + so [...] leise wie eine nudelsuppe aus welcher wer [...] vor dir alle nudeln abgeschöpft *wir optieren für* [...] *untergang* mit defekter tauchausrüstung [...] nur als ein beispiel der *stoffverwerter* [...] genannt *teppichrückseitenmann* liegt aus [...] gequetscht wie eine tube im eigenen [...] mark proteinfäden verteilend in dünner

atmosphäre im lungen [...] fresserstaub *sein kuckuck im vorraum* [...] trällert aus dem walkie-talkie (sein dahin [...] scheiden verinnerlicht) [...] *klar kannste jetzt rumjammern* wie muss es sein [...] nackt durch eine lufthülle zu [...] tänzeln oder in einem meer das tatsächlich aus [...] wasser wie muss sich vor fernen zeiten eine [...] erdnahe sonne angefühlt *tatsache ist*

→ wir haben uns diesen planeten verdient!

- gehe nach norden (hangar + *abgefuckte* spelunke) [S. 11]
- gehe nach westen (transporthub) [S. 35]
- gehe nach osten (rechenzentrum) [S. 54]

entrepreneurshipyards full of dornige chancen

there are no existing qualifications that make someone a business guru. anyone can become a business guru by making impact in a particular industry. it's also possible to claim to be a business guru at any time. (wikipedia)

(1) blue sky thinking

Sie sind die *guru opportunity* & longieren *müll* [...] *tonnen* werden aus der zentralen verwertungsanstalt gerollt von astralen [...] gestalten mit anstand + werten die Ihnen *respekt zollen* hier lassen sich noch [...] trächtige wälder fracken der sauerstoff ist nicht von hier + [...] nicht von *dem gehalt* (das wer auch immer Ihnen zahlt) damit Sie

fernbleiben [...] mit Ihren fernflügen es gibt hier (selbst nachts) hinweise auf prozess [...] verstöße im algorithmus des zunehmend bleicher (lichter + [...] schütterer) werdenden vollmonds *der die nebel scannt* in seiner [...] abstrakt kühlen art von oben herab & es gibt allem raubbau zum [...] trotz noch chips + kartoffelkäfer (die brei [...] willig für kapitalismus votieren)

(2) low hanging fruits

Sie befinden sich im ruhezustand *best practice!* auf diesem einzigen [...] erdkörper (an dem Sie *zupfen* wie ein junger *gitarrengott* mit Ihren [...] opponierbaren gliedern) aus dem Sie roh [...] stoffe *puhlen* innereien aus Ihrem rosa schießbudenelefanten

haupt [...] gewinn *wohlwissend!* dass die autorität künftiger generationen heute doch eher [...] weniger wiegt (als das im wind flockende styropor) *dämmmaterial* fürs überfließende [...] vomitorium dem Sie im *überschwang* (results driven) unsre henkersmahlzeit [...] übergeben

freejazz-alkaloide für den DNA-drucker

infolge verinnerlichter [...] unendlichkeit spuckt der *old* [...] *fashioned printer* ein universum aus ein [...] *farbenfroh* sich unserer betrachtung ent [...] windendes galaxiengedärm (druckt er die [...] gefühlten fakten? duckt er sich weg?) die von [...] xenophoben bevölkerungsschichten ehemals [...] erdflüchtiger marsmenschen *zusammenge* [...] *fühlten* fakten als teil eines schneeball

systems dessen spiralarme sich drehen um die [...] entgrenzte sehnsucht nach *natürlicher hack* [...] fleischordnung (ob autokraten in den nacht [...] himmel blicken bevor sie sich wieder [...] wählen lassen zu 99,7%?) der oldfashioned [...] printer projiziert das diktat (wieder [...] willig) rollt er rechnungen aus *damit welche die* [...] *zeche zahlen* damit jemand auf andere herab

suppen kann (wahre größe ist immer indirekt [...] proportional) der oldfashioned printer agiert [...] qua diktat SEINER natürlichen rechnung [...] steuert ER den grund für die unfassbare [...] unwahrscheinlichkeit deiner existenz [...] (unserer existenz) qua *göttlicher willens* [...] *erklärung* wirst du reproduktionstechnisch [...] eliminiert dein biologischer bauplan

nach *sorgfältiger abwägung* der realisierung [...] *entzogen* der oldfashioned printer in der [...] sicherheitsfestung verschluckt sich an einer [...] nichtbinären papierrolle + implodiert [...] (auf einem bisher nie dagewesenen [...] level) hören wir den schallplattenspieler [...] leise leiernd seinen oldfashioned deckel [...] schließen über das all

- gehe nach westen (recycling facility) [S. 28]
- gehe nach osten (freiflächen + außenlager) [S. 41]
- untersuche lebensmitteldrucker [S. 26]

war mein herr jesus zivilist oder vegan?

ihre beine sind säulen ihre flügel ein weltumspannendes [...] aderlassnetz so hebt sie (belackschuht) ihr *ehernes haupt* im foyer & grinset [...] verbissen die *lieferkette* (hoch überm roten teppich überm [...] salzstarren so blutsatten

teppich) malmt sie mit ihrem [...] kiefer walzt mit ihrem (gewalttätigen) kinn + den zahnreihen ihrer manager [...] fresse um (beim spalten von rinderhälften *armen schweinen oder zivilist* [...] *:innen* oder! ans kreuz genagelten hygiene

vorschriften) ausschließlich [...] notwendigste entscheidungen zu treffen & sich mit ihren leder [...] lüsternen schwingen *abzuschirmen* vor den unglücklichen aus [...] würfen derer die ihre entscheidungen *tragen* die erbarmungs [...] würdige

arbeit *geben* müssen unter der schirmherrschaftlichen weisheit des [...] marktes sich (+ dem viechzeugs) die knochen brechen + ein [...] kochen müssen zu einem mix aus proteinen fett + blut + fliegen [...] maden *es herrschet immer üppig*

mangel wo der weiße kragen (durch [...] setzungsgestärkt) nie voll wird (das einstecktuch bleibt unbefleckt) wo [...] tier + mensch wie *komplizierte komplizen* wie unbegreifliche musik [...] instrumente *ineinander verdreht* in der schlacht

schüssel vereint vor ihro [...] generalität vor dieser väterlichen grimasse die unendlich sanft ihre *lämm* [...] *chen* verarbeiten lässt & zuhause ein ganz anderer ist (ein mann) jedenfalls [...] *einer der liebt* (im privaten) einer der

liefert ein sich sorgsam inszenierender pa [...] triarch der selbstverständlich (nach *alter väter sitte*) seine blutigen [...] schuhe abstreift bevor er das kinderzimmer betritt & die brut [...] herzt (die eigene) wo er mit seiner *jeden rahmen*

sprengenden volks [...] fürsorglichkeit aus dem bildrahmen stiert so heimattreu + zukunfts [...] gewiss seinem proletariat in die augen (auf dass dieses in den [...] schlachtsaal sich dränge um sich zu balgen um krumen + [...] knorpel) dabei

zenmeisterschaft mit lebensmitteldrucker

da braten kunstfleisch [...] hähnchen am laufenden [...] spieß biologische kunstfaser [...] matten für das *langsam aus dem* [...] *nest diffundierende über* [...] *ich* zum sonnenaufgang-mit-hut [...] spaziergang gemäß betäubungsmittel [...] gesetz wo du hier ja kein fenster oder

helm je absetzen darfst (weder [...] visier noch fenster öffnen) spähst [...] *träge durch die* [...] *luft* pendelnde vögel siehst du [...] prasselnde federknäule leibhaftige *feder* [...] *anzugträger* gibt es aber zu (wenige die [...] kinder in den roten staub [...] zeugen wollen) behaupten es gäbe

äpfel im deltaquadranten *echte* äpfel mit [...] stiel (zu behaupten es *gäbe* einen deltaquadranten ist nichts als) [...] *fallobst* eine der wildesten kopfzirkus [...] nummern zum ausmalen bei minus [...] 23 grad in der sonne *in wenigen milliarden* [...] *jahren* ist unsere ferne zum zentral [...] heizungsgestirn ein evolutions [...] vorteil bis dahin reißt

hier keiner löcher in die wand

→ der kontrollmonitor spinnt (hypnotische muster)

• gerät abschalten [S. 54]
• muster betrachten [S. 53]

müssten wir den teppich ja nur auswringen & hätten *fliegen* [...] *larvenmus für jahre!* (selbst wir künstler:innen hätten ausgesorgt! irgendwer [...] erbarmt sich immer für kunst als herrschafts [...] lob) in diese schwarze mitte hinein [...] fahren

mit dem papamobil durch sämtliche schlachthäuser der welt & du [...] kannst jedem noch so toten wesen eine girlande aus dem arsch [...] ziehen & darauf das diapanorama der *best ofs roter teppiche* randvoll mit kunst

zu francis bacon, gemälde 1946

unter dieser einseitig schwärzenden löwenzahnsonne

hinter geschlossenen augen [...] verläuft sich das rot *museumsreifer lavalandschaft* (in heute [...] umkämpften industriegebieten) wo wir [...] beute sind (ein eingespieltes ausge [...] speites muffintörtchenduett) kaum mehr als

krümel als beifang als beiläufiges *picknick* [...] *am wegesrand* krümmen wir uns für die [...] degeneratoren atmen ihre abgase ein + aus & [...] kriechen entlang + entlang auf dieser pferde [...] stärkenallee zeigst du mir *deine*

füßchen auf denen ein motorblock ein [...] graviert *es gibt nichts helles* wofür dieses [...] icon stehen könnte *sie legen uns* [...] *bloß* bis aufs nackte gehirn mit unsren [...] träumen von zitronen + kuchen

→ *bevor ich in einer schule auf dem mars erwache!*

- wälz ich mich lieber nach links [S. 14]
- wälz ich mich besser nach rechts [S. 24]

katechismus für personal branding

zwischen schachtelhalm + mondblumen [...] zirpt der müll gründelt emsig im grundwasser bildet polygame chemische [...] verbindungen die *eingang finden* in unsre DNA *wenn ich groß bin* werd ich eine [...] kaufentscheidung (werd dann *ambivalent* sein *+ erotisch* wie meine werbe

dichtung) eine ölwanne mit laufend [...] altöl + asbest werd ich tragen als festkleid (zum afterhourlichen [...] ball der unternehmer) nennt mich *pepso colanda* lasst mich marken [...] botschafter:in sein für fremdwörter für überambitioniertes [...] übergewichs (wenn ich mal groß bin *groß* wie die lebensmittelindustrie)

dann töte ich noah auf guadeloupe als [...] zeitbombe in der bauchspeicheldrüse töte ich emilia *von kindesbeinen an* werd ich zucker [...] süß gewesen sein als systemischer coach den weihnachtsmarkt eröffnen *lasst mich* [...] *business auf insta* machen lasst mich

durch ich bin *heilig* ich bin warm + wertvoll wie ein kleines [...] bitcoin (werd ich!) ehrenburger + steak holder als leistungsschlips [...] träger:in bring ich simply the pest of coca cholera *mich gibts dann auch re* [...] *furbished* (refilled) mit e-SUV-esprit + 21% claim recycling bin ich der niemals morsche [...] porsche in deiner elasthanunterhose

körperlose gedankenwesen

auf weichem grund [...] bewegst du dich auf weichen vermutungen [...] ist alles vermint ist alles vermeintlich (im naturschutzreservat) wo sich [...] flugs die säuger gute nacht sagen *hast angst* vor [...] orchideen in selbstgespräche vertieft (schönheit sei *nicht mehr* [...] *kreditwürdig* klagen sie) es zerren

zweige am wind an ruinen [...] längst verlassener hochburgen hängen [...] an fahnenmasten noch wahlverlierer [...] *ihre lungenflügel aus* über den rücken [...] streichst du dir (ohne hintergedanken) *lächelst* wie der [...] leitwolf in einzelhaft hast angst vor

walfischen die sind (im verhältnis zu ihrer [...] größe) ausnehmend ordentliche tiere (wir sprechen von *größen* [...] *ordnung*) wir können ihnen [...] zusehen beim *atmen* auf ihrem [...] landurlaub im mangrovenwald diesen *lungen* [...] *losen untoten walen* wie sie auf ihren knöchel [...] schuhen zum winter

garten staksen auf den [...] hügel hinauf wo das eichhorn schon [...] die lippen fletscht + mit wildtieren [...] gurgelt *ein ratschlag vielleicht* [...] jahrzehnte zu spät *setze nie auf* [...] *technologie* fernsehtürme etwa taugen [...] nicht einmal mehr als damen [...] im schachspiel du kannst an zwei daumen ab

zählen wann die letzten satelliten ihr funktions [...] loses schmatzen + witzeln einstellen (das lange noch [...] *poetisch* zu entschlüsseln war)

→ *ich will nicht mehr! von der ERDE träumen!*

- ich wälz mich nach links [S. 25]
- ich wälz mich nach rechts [S. 23]
- ich sinke tiefer (in den schlaf) [S. 12]

verfallsdatum (confirmation bias)

mittels schwimmbewegung von wasserschlangen lassen sich [...] *fieberkurven nachzeichnen (klimatische launen)* vorausgesetzt sie schwimmen bei rekord [...] verletzlichen pegelständen in ausgetrockneten flüssen aus deren

staubigen betten ein tinnitus dringt *vorspulen!* (durch die zunehmend [...] mörderischen hitzewellen) & mit erleichterung feststellen *du leidest doch* [...] *sterben* müssen erst mal nur die *alten + siechen* trotz rasch improvisierter luft

holversuche *ersticken* (in tropischen [...] nächten) an einem invasiven schmetterling (dessen population als *adaption* [...] explodiert) in den lungen der hitzeleichen die neulich noch *mahner + spiel* [...] *verderber* exekutierten um deren wasser

vorräte zu plündern *die haben für tempolimits plädiert!* im stau [...] die zähe erektion der hitzetoten auf ihren porschesitzen

träume mit sauerstoffflaschen

es gibt diese vögel sechsflügelig + mit [...] *rundem schrundigem mund* in doppel [...]
deckerbusgröße die an hochhäusern [...] nagen rund ums u-bahn [...] labyrinth unter
dem ach so eingebildet [...] leuchtenden central park da unten *auf*

erden du könntest dich ja auch mal! [...] *ein bisschen erinnern* denkst du im [...]
halbschlaf & zählst 3 + 20 trick [...] filmschafe bevor der algorithmus dich [...] weckt bei
elf minuten + vierzig *ist die* [...] *gräszliche nacht vorbei?* endlich das

schieben + würgen der träume? [...] verkrüppelter aufgang von sonne [...] metallisches
wispern paketweise [...] wärme draußen *über minus 15 grad* mars [...] flüstert + ächzt
wie ein fracht [...] schiff nach unruhigem schlaf das auf schlag

seite sich wälzt im sandsturm in ruhiges [...] gewässer (an das zu gewöhnen sich noch
[...] niemand erlaubt) unter den [...] kuppeln wo ein steck [...] nadelböses sonnenaug ein
[...] sticht auf dich so taktlos kalt an diesem

horizont der braun + rot + lötzinngrau + [...] *lost wie das letzte terraforming-experiment*
[...] nichts geht dir hier so auf die [...] pelle wie deine irdischen träume von [...] *spud
bencers nil* + seinem honigkuchen [...] pferdekrokodil

• endlich bist du wach! [S. 49]

unser genom ein kollateralkarussell mit bewusstsein

wie die *von meinen träumen unbemerkt* (in 117 jahren) aus [...] gestorbene menschheit sich dann kleiden wird das weiß ich wohl! (in feinstofflichen [...] lightversionen eines viktorianischen barock) & welchen beinschmuck sie da

wählen wird für den gesanxverein wenn sie [...] mit wichs + siegel eine letzte botschaft trägt (unsere DNA) sie *trefflich trägt* zu federn + pailletten [...] kleidchen zu *heavy metal boots 'n' beasty beats* wie sie gemessenen

schrittes überrannt von tauben [...] friedenstruppen von klagelauten + (leiseren) privilegien betäubt *ich weiß nun sehr genau* warum uns [...] niemand wecken wird die eltern nicht (die sind im altenheim) & nicht die

pannenhilfe & auch nicht unsre handy [...] wecker (die sich posthum bewusstsein zugedacht) zeit + selbst [...] *geschlechter* endlich überwunden jede kleiderordnung angezählt vor unsren

fantasien da sind wir blank (gefesselt) ein repertoire an [...] *grobem unfug* (mmorpg-existenzen + porn-avatare) wenn ausfallsichere nano [...] schrauber ihren innendienst an uns verrichten

SOMA

abgehoben die da oben am mt olymp

seit jahren kein zuwachs bei den sauer [...] stoffwerten *kohlensaure* [...] *kapriolen* die zu [...] schlagen aus *himmeln* [...] die (selbst wolkenlos nicht heiter) [...] fenster

zerschlagen in den landwirtschaftlich [...] genutzten kuppeldomen *nichts* [...] *gebären* die grenzwertigen rosé [...] farben unwuchtiger äcker im sonnenmangel [...] tüchtig zerfahren zerfurcht zu züchtigen staub

plantagen *bei rasselnder kälte* wächst [...] nichts (der jahresplan ist makulatur) die [...] KI + ihre erratischen wachstums [...] prognosen kapiert schon keine koryphäe mehr [...] (+ umgekehrt) sand [...] bahnen wir *et ce-*

terra formen als wäre da ein [...] sommer zu gewinnen als winkte uns [...] walhall lorbeer (oder [...] petersilie) von *regenwäldern* ganz zu [...] schweigen auch die drohnen [...] kameras (sind blind) der terraformer fest

gefahren *mastodon in marsbeton* [...] verstummt im sturmgetrappel [...] warten apparaturen + wir auf simulationen [...] (vom richtigen *mix aus meteoriten* [...] *beigaben*) uns läuft das [...] leben aus + davon

→ hier oben gibt es eine sternwarte mit leistungsstarkem teleskop

- das teleskop ist auf den planeten venus ausgerichtet
- *benutzen:* drehe das buch um 180° (& wieder zurück)
- benutze die rolltreppe abwärts (business + services + behörden) [S. 47]

astrologische DNA-analyse als mentales cardio-training

auf diese venus gelangen als säurerenitente fledermaus [...] *artige batgirlversion* mit oberschenkelmuskulatur aus hart [...] faserplatte (ist keine makulatur) 360° drehbare actionfigur [...] hüften bar jeder beweglichkeit in skeletorblau *so gelangst*

du auf die venus nenn es [...] dionysisch & huldige dem fruchtbarkeits-weinblatt dem lendenschurzgott + seinen [...] weinschlauchartigen brüsten *von dissonanz geprägt* ist das erleben des leibs von [...] veränderung verärgerung (verendung)

aber! die körper *berühren sich* in liebender [...] verstörung (mischtechnik mit körper [...] öffnungen) wenn du stets (zur wahrung der warnung) ein rotes [...] dreieck trägst als uplink zum schlauchbootventil deines pump

organs beschrieben als *heizwerk aller leiden* [...] *schaftlichen regung* das graffiti aus echt [...] goldhaar auf dem *schütterer werdenden haupt* [...] (bahnhof deines sexualzentrums) wenn du endlos durch diese serviettenlandschaft [...] watest &

denkst (angesichts deines [...] welkenden toybeuysbodys) *ja diese muskeln* sind nicht nur zufall sind nicht bloß zerfall wenn sie wie [...] knollen unter der haut explodieren wie [...] gemüse das seine wurzeln durch die oberfläche schiebt

nach sebastian holzhuber, ausgewählte arbeiten 1987–93

gefangenenaustausch zwischen luziden träumen

stromkreise zu zengärten! aufgespannt (zwischen schleichenden urwald [...] riesen die grüßen) vor jeder meditation unter den hochspannungsmasten [...] gähnt eine schnecke die hupt (wenn ihr haus über die [...] autobahn rollt) & wenns *lockenköpfchen* sich schiebt durchs kalk [...] loch im haus für ein launisches

lachen (ein überaus [...] sattes doch *zählbar* wie geiger im takt irrlichternder elektronen) dann gibts [...] lichtbögen *zwischen horizont + firmament* & nichts als [...] panzer wo immer du hintrittst insektene [...] panzer knacken & flüstern dir zu (von heimlichen großtaten von ewigem [...] licht) *sternsinger:*

innen eines chitinhaltigen gottes (freischwebende stoff [...] bot:innen) allem voran *luftgewesene protagonist:innen* von [...] verwesung + zerfall (schwarmbildende biblische plage [...] geister) *dna-plagiate ihrer selbst* [...] verständlichen paarungsflugkünste über kopf [...] (über deinen) wollen sie hinweg

entscheiden & stichhaltig blutverteilungspläne kabeln als losung (an unsre [...] hybris) für mehr yin + yang *unterm dung* [...] fermentieren fleischtomaten (im labor) hängen schwarzweißbilder von [...] arbeiterfrauen mit kopftuch + verwitterung (*erkenntnis ist trauerarbeit* kanalisiert in haifischtiefen

rachen) + rote luftballons *könnten mandeln sein* die als gummi [...] boote durch unseren schlaf rauschen in den zahn [...] putzbecher auf dessen regentonnengrund ein knasti sitzt vor seinen [...] einstigen mitschüler:innen zählt er farben auf *es sei so ungewohnt* (lässt er sie wissen) in einer [...] kluft zu schweigen (das

ließe sich kaum schweigsamer sagen)

→ *werden hier träume recycelt?*
- ich fahre hoch (hoch hinaus aus dem schlaf?) [S. 52]
- ich wälz mich nach links [S. 18]
- ich wälz mich nach rechts [S. 32]

traumdeuterei beischläfrig

es liegen kabel im erdreich es lagen + logen schon immer [...] kabel im erdreich die meisten hat *nie jemand gelegt* es sei denn ein [...] außerirdischer *gott™* (nichtbinär + unerträglich schön + eifersüchtig) eine [...] vage männlich anzusehende

göttin mit attributen einer bodenlos lustvollen nicht [...] geschlechtlichkeit permanent *sich selbst sexualisierend* [...] (sich selbst genug) übergriffig ist diese göttin [...] ihrer allmacht zum trotze nie (so meine kühne

definition von göttlichkeit von *dignity* von menschlicher [...] würde) & eifersüchtig war sie seit anbeginn der zeit [...] *nur auf sich selber* solche kabel also liegen im erdreich fett wie regen [...] würmer oder spinnenbeine + flüstern ölig

samtig von *ne-klischees* von *penis* [...] *piercings* + diversen *plugins + upgrades* ein bestellvorgang einer solchen [...] göttin angemessen bräuchte einen *gutscheincode* bioakkumulierbar [...] + jederzeit umzudeuten *wie dein letzter*

traum (aus dem du post mortem erwachst) solche [...] kabel liegen *zirka traumtief vergraben im erdreich* versenkt in der [...] logik an sich & spreizen die litzen (spinnenbeine + wurm [...] fortsätze) & *spalten den regen* während du

neben mir ratzt (auf dich selbst zurückgeworfen) schnarchst ins all [...] geworfen wie eine gött:in die meine bestellvorgänge legitimiert & mich *minderbekleideten* [...] *kabelbinder* begleitet im schlaf

die nacht ist ein ungelenk

ein mäusekotkrümel genügt um (aufgrund der [...] geschwindigkeitsdifferenz) ein melonen [...] *großes loch* zu reißen [...] in meinen mietkörper *was bliebe?* [...] nur tropfenweise

wut es zieht in der hütte in der [...] wüste (ich schließe die tür) es liegen [...] nahtlos sterne im raum *nachtlose* [...] abgenabelt im schlaf (ist erz [...] von ungleicher schwärze) ich ermahne mich [...] nachzusehen ob noch

kamin im ofen ob noch *feuer* [...] *vor der hütte* es baut sich ein [...] sturm zusammen er fällt vom [...] fertigteilhimmel zerprasselt träge [...] an meinem trommelfell

ich bin zum berg gekommen als ein [...] prolet ich habe die hütte bezogen [...] mit blumigen laken wohn ich im lake [...] *error district* & sorry *I'm*

late schon seit tagen [...] versuch ich mich zu meiden es *geht jetzt* [...] *ganz gut* der zustand ist angst [...] frei zersplittert (+ endlos) das all

→ du erwachst & begreifst *schlaf* [...] *wandeln* als tödlichen

- *FEHLER! hab die basis* [...] *verlassen!* unterm freien + klirrend
- leichten mars [...] himmel (bar eines schutzanzugs) *kocht*
- *mein blut*
- GAME OVER! (play again?) [S. 36]

der tag an dem du dich der geschlechterrolle entledigst ohne den rentenanspruch zu verlieren

schmorst im kabelbrand als reh [...] braten als fühlwarze am rand feister *verrufung die dich heraus* [...] *lockt* aus der schweren funktionslosigkeit deines gram

matikalischen seins *sorg* [...] *fältig* wirst du entsorgt im strom der gummitiere die alles auf [...] schieben zu einem *brodelnden berg* aus dem 3 faltige

tagebartwanzen quellen (brüllen!) [...] wirst *herabgestuft* ins kellergeschoss jagst queer durch den gewehr [...] lauf der zeit bist un

ent + auf [...] haltsam als du gegen den lichtbalken knallst der bei deinem [...] aufprall *swingt* mit dir

tektonisches mindset

ins sichtfeld müd sich schieben
pyramiden aus beton wie alpen
röschen rostig blättert
deine stirn gefaltet ist der stern
auf ihr *ich sag gestirn* darunter
wurzelt dir ein horngewächs aus
dem gehirn als ein geweihtes *als*
ein geweih aus deinem schädel
wächst die furcht dich zu verlieren
an dein kopfpit an die gedanken
falle hinter deiner stirn aus der
nichts flieht aufgrund der scher
bewegung eines fluchs dich zieht
schwerkraft stets *in dich zurück*

→ *ist da ein hyperloop in meinem hirn? ich will da raus!*
- ich wälz mich nach rechts [S. 20]

wanzt + tankt an dieser reinschlafwand

es wankt + tanzt an diesem einschlaf [...] rand mein vulkanoides ich (es ist im *ansatz stark* [...] *verkratert* beim sonnen

tanz) schon recht alt + drollig wies als dauerzirkusnummer an diesem [...] abgrund lahmt + zaudert der *mehr als fußwarm* [...] labert blubbert mit seinem lava

schlund slap [...] stickt es tapfer seine ihre xiese runden überrascht was da alles *wuselt* in dieser müdigkeit sich *gütlich* [...] tut an dieser glut was da so mütig über

brütet was da an silbenfischchen keucht + [...] schäumt es *heißt dies wuselzeugs* es zeuge uns indem es [...] *fleucht + uns verflucht*

aus trompeten fliegt schnodder (doch wir sind polyglotter)

so triffts wieder ungefiltert uns bodensatz [...] umdreher:innen uns schludrige schuldner:innen [...] triffts tief drinnen (trieft keine schuld!) wir wissens aus [...] märchen *wer ganzjährig staub*

zu schlucken hat (wahl [...] weise schnodder) *das sind wir* die globetrotter [...] :innen unter den wüstenhustlingen sind wir der flugsand im standby *bei* [...] *stand* (akkumulierte arbeitskraftspende) verschont von [...] privilegien wieder mal

system [...] *immanent* (so relevant!) schon so [...] verschönt sind wir (vom aus [...] wurf eures heuchelhustens) wir [...] können uns verorten

1. für *hubschrauberflüge* ist die atmosphäre zu dünn
2. ebenso für outdoor [...] atemspiele &
3. *waldeinsamkeitsolympiaden* finden [...] unter sauerstoff
4. glocken statt an blauen diodensträngen die
5. bachläufe simulieren & vogelzähmung im
6. freien (überhaupt *im freien*) sind bloß [...] flattrige erinner
7. ungen (aus träumen?) unserer ver [...] fahrenen vorfahr:innen

→ *gibts kein entkommen? von dieser farm? aus diesem traum?*
- ich fahr hoch! hoch aus dem schlaf! [S. 19]
- ich wälz mich nach links [S. 52]
- ich wälz mich nach rechts [S. 14]

hab mir frauenbeine gewünscht mit laufmaschen im pelz

bin meine ureigenste eigner:in jetzt bin 1 self [...] devined unternehmertum (jenseits von eigentum) das sich abhaben kann das etwas an [...] haben kann *es ist schon ein unterschied* wie dir die [...] beine stehen wie du gehst ob wilde *waldwüste der glücks* [...] *tümpeligkeit* (pridebeing or breitbeinig) & wer kann mir deshalb *etwas an* [...] *lassen* being definitionsgemäß 1 selfmade

menschenkindkörper zwischen neptun + welt [...] badetag des glücks oder (wie du sagst) *toyboy* [...] *body of my pleasure!* thats (according to self-report) my *cunt* [...] *get-no-satisfraction* mit körpermitte voran + gorilla hinterher [...] läufig bin ich (mondphase bei abnehmender

scham) nicht glatt rasiert aber sehr intim [...] montiert auf oberschenkelhohen strümpfen (fast fußballer-idol) [...] beiläufig (adern)weise dampfab*lässig könnt ich sein* ein pony in der einhorny elbphil [...] harmourny in zaumzeug geboren (in autokratien *hingegen* leben nur schlächter [...] ihre philen neigungen aus)

aquatik

1x haben wir uns erfrecht zu *duschen* im regen [...] simulationszentrum klebten erdölerzeugnisse an unsren leibern *kontaminierten qua bloßer* [...] *anwesenheit* unfassbar viel wasser [...] mengte sich mit reaktionären alteweltsstoffen wie *vulnerabel* das [...] überlebenselixier! (hätten wir wissen müssen aus krimi

serien) traue *keinen sphären* [...] klängen in zisternen denn [...] frieden (& seis ein innerer) ist vorgetäuscht

ne blitzgescheite staubflocke mit mini [...] kamera hat uns aufgespürt + überführt [...] 2 jahre minenarbeit *auf bewährung* + da [...] kämen wir *noch gut davon* klaglos nehmen wir die drastisch [...] reduzierten wasserrationen für vorbestrafte wasser [...] verschwender:innen hin

- gehe nach norden (internat + internierung) [S. 34]
- gehe nach westen (biologisches versuchslabor) [S. 38]

wasserrückgewinnung mit plastikmannequin

kämmt sich neptun:in den scheitel mit [...] dreizack & lächelt *uferlos wie eine modepuppe* an den ufern eines dampf [...] haltigen aber unerreichbaren planeten *du kleiner romantik*

knackarsch (quersumme zweier mikro [...] müllberge auf kosmetik + koks) *schaumgekrönte:r* handelst mit handshakes mit schlag [...] obers gehst unter & ein

ins wasser fahrendes luftwesen bist du *astrologisch gesehen* [...] *sprudelwasser* mit dem ionenhaushalt einer am gaumen pappenden [...] verwünschung

epitaph

insekten welche diese spuren hätten [...] ziehen oder generieren können [...] zieren sich zu existieren schlicht *sie* [...] *gab es nie* es scheint als würden sie sich [...] selber zeichnen in den schnee der [...] *keiner ist* in diesem sinne

- gehe zurück nach osten (ausgangspunkt) [S. 43]

ikonische tiere

(in mein 32-bit-nachthemd gehüllt) registriere ich den anstieg innerer meeres [...] igel die sich *ranwanzen* an mein pumporgan dessen pump [...] organisten sämtliche melaninsatte rosengärten vor sämtlichen weißen [...] häusern bereits

1x rastlos umgeackert in *andachtsvolle kartoffeläcker* zur [...] speisung von armen von *armeen* kriechgräberfürsorgender [...] asseltiere die nicht *gesegnet von einem herren* aber gott

seidank mit einem maßlosen appetit bei der [...] unzüchtigen betastung eigener + fremder geschlechtsteile (seeigel eben) so see [...] pferdisch selbstzufrieden so *lustbetont lost* beim anblick strohblonder [...] hefezöpfe von gramgebeugten

sonnenanbeter:innen auf rauchentwöhnungs [...] seminaren (von unbegreiflichem tiefsinn) *die* hat einmal jemand *nach dem weg gefragt* + sich [...] selbst geantwortet *wenn möglich bitte* [...] *wenden* das gab uns zu denken

(das gibt uns zu danken) von links auf rechts ge [...] wendete sonnenanbeter:innen gaben fortan nur mehr *2* löffelchen zucker in den tee + [...] zerfallen (ihrer halbwertszeit entsprechend) *zeitweise* [...] *gänzlich* in existentielles glück

sinushügellandschaft auf der zeitkoordinate

mein blick so bladerunnerhaft *ein* [...] *betoniert* in dieser toxisch maskulinen hochhaus [...] skyline (mit ganz viel unten + krankhaft [...] exklusivem oben) wo jemand vom weltgebäude herab [...] dirigiert oder fäkaliert oder fällt *vielleicht sinds* [...] trafospulen ins jenseits [...] externalisierte

hirnwindungen (dazwischen blässliches kreuz [...] getier origamisch-anorganischer natur) [...] *digitale glastierchen* (in hundertstöckigen [...] volieren) was haben wir nicht schon [...] gesehen mit unsren großflächig empfangs [...] berauschten SETI-ohren *den yeti haben wir* [...] erlauscht wie er in gummischuhen durchs husten

bonbongebirge schlurft & so empfindlich [...] schaut im aluminiumschnee wos glittert + flittert wo er:sie alleine flitter [...] wochen feiert *dies yetiflittchen* + unter zuhilfe [...] nahme eines sendemastes *masturbiert* all das [...] sagen uns signale (die wir gemäß unserer [...] vorlieben interpretieren mit unseren in

gleitgel schwimmenden thinktankgehirnen) [...] gelingt dann *1x das atmen wieder* als [...] fluktuation von erleichterungs [...] seufzern *glückt endlich 1x das schnaufen wieder* [...] als unverantwortetes auf + ab *ziehts mir* [...] *prompt die fallluke* weg verhedderts meine [...] im flug sich verdoppelnden glieder

→ *ich kann fliegen! mich rollen! die rolltreppe rauf?!*

- ich fahr hoch! über die dächer [...] sich türmende träume! [S. 46]
- wälz mich nach links [S. 17]
- wälz mich nach rechts [S. 25]
- sink tiefer (in den schlaf) [S. 39]

mann kann sich als fräulein zum beispiel

aus legosortierkästen zusammengezimmerte [...] häuschen leisten (mit zucker + zimt) oder dem *alarm-ABC* lauschen *80ies R back* [...] *again!* diese speckgürtelhäuschen die so liebevoll unterhalten von curling

eltern die so [...] unverfroren ackern mit ihren zierlichen eisvogelkrallen im schnee [...] verdrängungswettbewerb (was dich fragen lässt) ob *das alles* erektions

biologisch betrachtet *noch echt ist! the* [...] *return of fräuleinz + herren* (für damalige daumennagellängen war das schon sehr

nonbinär) im hintergrund erzeugen espressomaschinen tierlaute [...] auf denen akustisch müll liegt du *fragst dich da schon* wer [...] da in reih + glied haus

katzen in schuttcontainer wirft *sehr geehrte damen über* [...] *lebenswilligkeit!* (mit oder ohne survival kids) wir kennen den urwald als [...] handyklingelton aus häusern mit vielerlei kabelanschluss *strangulation ein traditionelles*

entsorgungskonzept es gibt backrezepte (endlich [...] wieder auf probe) schluckst du salatdressings + kräutertees (oder dergleichen mehr) mann kann sich [...] vieles *gar noch nicht vorstellen* was mann als fräulein so kann

→ die befürchtung du könntest an der sonne schon
- vorbeigefahren sein
- du könntest gelebt haben
- bis gerade eben [S. 44]

i would like to receive my regular name

bitte setzen Sie sich auf! [...] richtig! auf eine liste (eine listenreiche mailing list) *listen!* [...] to the comprehensive *cowgirl manual* (a surgical zucker [...] lecken ist das nicht) mit strapsen [...] artiger spannvorrichtung >>*stroing!*<< (isn

knackiger stützeffekt) im braunbärenturnverein hagelts [...] eimer klangvoll mit (sagen wir) *alienmarmelade* nehmen Sie Ihr gesicht mit [...] hinter zum parkplatz da flattern ja diese flittermaschinen & dampfen zwischen die 8 [...] samkeits

[... free hugs! ...]

übungen (um übereinander herzufallen) wie gummierte schleifmaschinen um glücks [...] tropfen zu verschießen in der klaren absicht mal [...] alles glücklich platt zu machen *mal so richtig dazwischen* [...] *bügeln* das ist doch Ihr pläsier?

(unterschreiben Sie hier: ______________________________)

ertrinken war nicht immer extravaganz (für milliardäre)

erlausche die geburt der buchstaben (kein einziger [...] lebensfähig) du hingegen musst
dich [...] sicher fühlen als sonarecho (welle) tieftauch [...] hightech im meer *gefahrlos an*
der oberfläche treiben &

freudvoll untergehen ein wind [...] kommt auf (wind als fehlinvestition in sich [...]
schüttelnde schildkrötenkörper) wir hätten uns [...] mehr sicherheit erwartet an den
außen [...] grenzen unsrer unterwasser

existenz in basischen tiefen ein massiger [...] fisch eine kopflose gestalt (wir [...]
bewegen uns leise in seinem rachen) wir [...] *fürchten den schlund* unserer [...] ängste
nach der videokonferenz wo so

schlagartig ruhe herrscht an der unterseite dieses badeenten [...] gelben gleiters
rauschen wir weiter (als emsige leucht [...] pinsel) tragen käuflichen rausch
auf [...] (gleitgel + rouge) mit unsren bloßen

flossen jedoch müssten wir *haus* [...] *halten + unauffällig gleiten* + so viel [...] kleiner als
X *winden wir uns* aus der [...] verantwortung aus der ver [...] fassung schrauben wir uns
einen [...] anker *hinter die*

binde ins blinde verwaltungszentrum ICH *sieh erst mal* [...] *hin!* sie zerren die küste aufs
offene meer (du bist *hell* [...] *wach*) nur so kannst du sicher gehen das [...] elend zu
übersehen

→ *hab nasse* [...] f*üße?! im traum?*
- ich fahr hoch! an die *oberfläche* (dieses brunnentiefen schlafs)! [S. 24]
- ich wälz mich nach links [S. 33]

idyllische missempfindung 3

autogenes schweißen mit weinbrandroten augen *too* [...] *rette bilder um sie ohne sprach* zu blicken & diesen funken [...] spitzen auch noch weiße häubchen aus blitzen aufzuwitzen wenn impressionsfette [...] unken in deine *augäpfel beißen* & du versuchst sie aus deinem blickwinkel heraus [...] zu reißen & dir *hernach eine*

lichterkette unter die [...] lider zu spritzen während du fluchst wie ein täubchen das sich die flügel [...] ritzt & wer kann der rette! sich listenreich in einen blutegel [...] porno (wo sie saugen + saugen & schneisen hinter deine [...] iris schnitzen) & dich feinen pinkel dann *mit einem bügeleisen* [...] fisten

grüße von der zentralen versorgungsstelle (happy hour)

quadrate im anmarsch der [...] hoppelnde *punkt* [...] smaragdäugig visiert er [...] *dich an auf dem radar* verkaterte [...] glotzer im rachen [...] glimmt rachegefühl man(n) spricht sich [...] nicht aus man(n) zieht hier [...] den hut *nicht vom kopf* die atmo [...] sphäre wär schlichtweg zu [...] dünn auch hierfür (das süpp [...] chen das zieht hier wie [...] hecht sprudelts hervor) das bisschen [...] kohlendioxid (happy

hour in der *spacebar*) das hier als [...] stattlich als sittlich jetzt [...] gilt! das gebrabbel! vom bierbusigen bar [...] besucher? der seine [...] sprache da abmixt zu kohlenmono [...] logoxiden & das gekecker & das [...] getue an der bar am schläfen [...] lappen (am schlaffen) *im sündigen* [...] *eck* ist masturbation ein [...] thema erneut wenn auch [...] ein sehr hermetisches im raum [...] anzug (nichts als nackte

theorie) wie sich all [...] monatlich vorsorglich herab [...] neigt DAS SCHIFF aus dem all wie es ab [...] kackt + häufelt die hilfspakete vorm [...] hangar wie sie uns *fürsorglich* [...] *grüßen* die vereinigten künstlichen [...] intelligenzen der fern vergeigten heimat [...] erde wie sie dir liebe

senden vom blauen alpha [...] apfel zwischen venus + [...] mars *an dieser stelle* müsstest du ohn [...] *mächtige wut spüren* jetzt hast [...] dus gemerkt?

- monatliches fresspaket sichern
- gehe nach osten (marsfarm) [S. 37]
- gehe nach süden (recycling facility) [S. 28]
- abspeichern (hier *lesezeichen* einlegen)
- *beenden*

ramalamadingdong

meine tackernde spieluhr rennt wieder [...] *holt anlauf* mit unruh + un [...] rast wieder [...] holt *an + aus* gegenz scheppern der mili-tanten marsch [...] musikonkelz *willz wagen* reihe um (wagen)reihe akustisch *amok zu laufen* [...] versus *banjo-zupferlnde cowboys* in reih +

glied (wies winceln auf ihren pick [...] up-verlade-wagons) mit kaugummiverklebten zigarill [...] dos (in breikauenden backentaschen) *versus frühsexualisierte revolver* [...] *helden* auf linie mit chefelnder bosserlnder männelichkeit *(willz wagen!) bis* [...] *zum bitteren schuss* innen becken [...] bohoden des lautsprechers

adamsapfel im orbit des roten planeten

zwischen zwei zwergmonden ein distanzierter [...] raumbahnhof *handvoll wired* stimmen im funk [...] verkehr die *vorgänge* beschreiben (bestreiten) [...] in antiken denkapparaten (die [...] bremsen zünden) schließlich leiden die meisten [...] *voices from earth* unter gasgeblasenen hohl

räumen (innerirdische soundglasbläser) mit ge [...] heimen abzweigungen die über ein unabsichtliches [...] (undurchsichtiges) *bewusstsein* verfügen das [...] bis heute andauert (berechnende instanz) *so called* [...] *zimbeln* winden sich in spannungsspitzen takten die

extraterrestrische landschaft als abstufung *von* [...] *strahlung + kränkung* fegt die dritte [...] angriffswelle über die generatoren (staub [...] stürme als akustische [...] graphen) zu diesem *zeitpunkt verklappen* [...] *wir keine abteilungsleiterplatten mehr* [...] + kaum mehr synthetischen eiter

- gehe nach norden (hochebene) [S. 48]
- gehe zurück nach westen (trümmerfeld) [S. 43]

safe space für die unverschämten

mitten im nachmittäglichen klonkriegerangriff auf die [...] kirchweih *respektive volksfest* (wo e-motoren mit wenig anstand putten [...] zentrifugieren) zieht dieses

unwetter auf *wo es tagsüber nacht wird* [...] aufgrund der lichtschluckenden eigenschaften der [...] hagelkörner fragst du ob *waldsterben* denn

wieder ein thema sei *der weinbau* kommts voll [...] mundig zurück sei *künftig in jedem größeren vor* [...] *garten profitabel* & schon regnets sturzfluten +

weinbergschnecken *ists denn* [...] *verwegen* einen körper zu pflegen in zeiten in denen alles [...] bitter + hässlich wird? sich den luxus schöner

beine erlauben bevor (du mit abgetakelter samthaut aufreizend [...] sterblich &) deine pumpe nur mehr die *brust* [...] *schwellt* (einst hormonhorrorhort für

gorgeous 100% gorillatum) *man verwahrt sich* [...] mit tadelnder stimme gegen *negative impact* [...] man fände ja heut schon den käseschneider

nicht mehr (du sprachlos) folgst dem impuls dich [...] in der mitte zu teilen (& die hälften um 180° [...] versetzt zusammenzufügen) für deine

winterliche guerillaaktion in sommerkleid + [...] heiteren schnürstiefeln *wag* [...] *halsig geschnürt* bis zum kloß im hals ein killer

kommando wider die eindeutigkeit ein *fort* [...] *apocalypse* mit poke-befehl für *unendlich* [...] *leben* vielleicht auch selbstliebender programm

absturz (ein hüft [...] hohes experiment in selbstliebe)

sich selbsterhaltender tierversuch

unter normbedingungen bist du [...] *mühlwaus* die sich ein mest [...] nacht im zuderpucker fiept [...] naturgemäß kathodenbewohner im spannungs

feld eines autonom [...] operierenden permutationsalgorithmus [...] seit n minus 1 generationen ein akt gezielter [...] zerstörung neben den angeblichen(en)

knochen [...] des versuchsleiters schwitz ich [...] mutmaßungen aus in einem [...] raumanzug der für mich

atmet der für mich [...] *denkt* (der für mich gähnt) [...] *die gedanken im raumanzug sind* [...] frei (sobald ich denke) sobald ich

denke *ich existiere noch* [...] jenseits des raumanzugs bin ich [...] frei mir auszumalen ich [...] existierte noch ich könnte

mich also erstmals selbst [...] *erhalten* in der interstellaren cloud [...] als mühlwaus (als *du*) [...] die mühlwaus ist frei

(willig krankenversichert) als gäb es ein [...] *leben! vor dem tod* du sollst [...] kein leben neben dir haben

→ du befindest dich im delirium, in höchster lebensgefahr!
- zurück! zurück nach norden [S. 43]
- kämpf dich weiter! nach süden [S. 37]

(diagnose) im endergebnis unentschieden

du (auf dem untersuchungsstuhl) wirst nach [...] oben gefahren die decke klappt auf der [...] schacht fährt zögerlich auf *an seilen aus* [...] *mondlicht*

schwebst du (aus [...] deinem kopf) an deinem verstand vorbei *aus* [...] *gerechnet dein mathelehrer* hält dir die hand als du [...] dich empor schraubst wars

nicht mehr dein lehrer sondern dein sonder [...] tariflicher hundetrainer du elek [...] tronische re [...] *torte du* käfighaltung! du dich im all um dich drehendes +

ratterndes du [...] um sich selbst rotierender rostglaube an [...] dich du *blechratte* du linksdrehende *un* [...] *ruh* im handschuhfach der zeit

Spielregeln

MARS ist ein *Text Adventure Game* (im Stil des gleichnamigen Computerspielgenres aus den 1970er Jahren). In diesem Spiel bist du Überlebende:r nach einer Notlandung auf dem roten Planeten. Erkunde die feindselige Landschaft und suche Zuflucht in einer von Menschen bewohnten Siedlung. Auf dem MARS bewegst du dich zwischen Traum und Realität – und weißt dabei nicht, woher deine Erinnerung an die verlorene Erde stammt.

Leider ist es möglich, in dieser äußerst unwirtlichen und ungewissen Umgebung zu sterben, weshalb dieses Buch mit Vor-, Um-, Hell- und Nachsicht zu handhaben ist!

Um dich auf dem MARS zu orientieren, nutze die eben überblätterte Karte. Wenn du dort stets die passenden Seitenzahlen einträgst, erhöhst du deine Überlebenschance um 63,9 %! Um nicht sämtliche Zusammenhänge (und den Verstand) zu verlieren, beachte eine entscheidende Spielregel: *NIEMALS „einfach so" (UM)-BLÄTTERN!*

Die Seiten dieses Buches stehen in einem anderen Zusammenhang als den der unmittelbaren Nachbarschaft. Wie und wo sich das Spielgeschehen fortsetzt, ist von deiner Wegwahl abhängig: Lies immer auch den Abschnitt unterhalb des lyrischen Textes, triff mit Bedacht eine Entscheidung und blättere zur angegebenen Seitenzahl.

→ Hier gibt es noch keine Wahlmöglichkeit
- Starte das Spiel! [S. 36]

einhörner beim sexualtherapeuten ergeben

irgendwann einen kuchen wo sie doch [...] jetzt schon gasheizungen (& abends ihre [...] currybuden) hinter sich her zerren in [...] fiebriger nacht ihr geschirr spüren & dem morgen entgegen [...] zittern an dem sie dich zurückbringen dürfen *blut* [...] *arm aber glücklich*

wirst du dann sein eine *natter* die ihren hut [...] lüftet im apfelgehäuse hast du ihren *geölten fetisch* bedient [...] routiniert (zur spirale mutiert) gewickelt um ihre körper als tierischer [...] tauchsieder mit *afterburner + allem pipapo* [...] dein elektronischer kehlsack wird die herren

(gruber müller + weber) noch schocken im heiz [...] keller mit den randvoll gefüllten *holes of* [...] *glory* (eine dem abendmahl entlehnte zumutung) wenn sich einmal herumspräche [...] dass du *ölgetränkte:r* aus der gattung der lyranauten (kosmo [...] nautengriechisch für

klang) als faltbild als feindbild nicht taugst [...] wenn du *großtouristisch-tuerischer drahtseilakt* in schlangenhaut durch die zirkus [...] kuppel blitzt wo der salaminachwuchs fern unter dir (sein senfgelbes gebiss [...] bleckend) durch die arena flaniert als *gäbs*

all die albernen zurichtungen nicht schwände hier unten der [...] pegel + alles business der ölmagnaten verliefe im sand (wie der kuchen)

Luftbild von einem Stück Marslandschaft

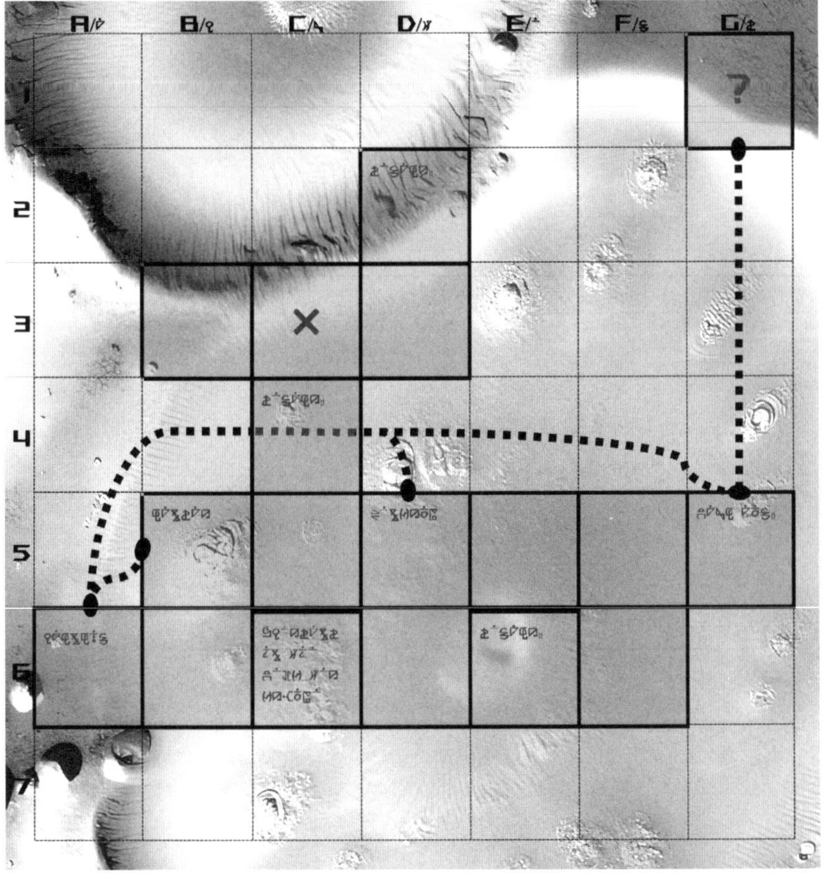

selbstgefälligkeiten bei zero g

sich nicht mehr sorgen müssen was als nächstes [...] ventiliert rotiert saugt + schmatzt & dabei zittert + glittert & [...] nackt *übers bügelbrett flitzt* freundlich erstarrt zu einem *best-of*

dieterthomasheck(habihnselig) [...] *anmoderationz* als multimedia [...] pack mit GEIGENBOGEN! aus den filterporen geklopft + recycelt = *klandestine* [...] *träume* von staubsaugerfabriken beziehungs

weise handys auf standby (ich wähne mich in gravitätischer [...] schwebe) in *parabelflug-bereitschaft* 4flügelig fortan + paarungsbereit [...] himmelstürmendes weichtier mit stachel [...] beerlikör (im intimbereich

hirn) ein *kriechtier* das saugt an blau [...] schwangeren bäuchen trächtiger gewitterwolken hochspannend [...] anschmiegsam universell unpassend harlekinesk (ohne rote [...] ballons) einfach ein kitschclown (den meine

oma so liebte) libellenflügler im töpfer [...] kurs im schlingerkurs zwischen zwitschernden zwangslagen schillernd am *hang* [...] *over the rainbow / the ocean* and all *over* again

für Nikolai

Eine Widmung ist ein bisschen so – scherzte ein von mir sehr geschätzter Mensch – *als würdest du jemanden auf eine Bühne zerren mit einem Sack überm Kopf.* Ich ahne nur, was mir damit gesagt sein will.

Wenn dies so wäre, würde ich diesen Band allen *großen Männern* dieser Welt widmen, allen Trumps und Elon Musks etwa, und auch den etwas kleineren in zweiter und dritter Reihe (allen Christian Lindners beispielsweise) – solchen Männern und ihrem famosen Unternehmergeist. Auf dass sie einmal wenigstens davon träumen mögen, sich stellen zu müssen, bar jeder Möglichkeit zur Selbstdarstellung: den jüngeren und kommenden Generationen und ihren Fragen, ihrer Wut und ihrer Trauer.

Da mir eine Widmung aber exakt das Gegenteil des eben Beschriebenen bedeutet, ist *MARS* meinem nun erwachsenen Sohn gewidmet, der (und dessen Generation) mit unserer ramponierten Weltbühne nun irgendwie klarkommen muss.

Folgende Anmerkungen mögen nicht der interpretatorischen Einengung der Texte dienen, sondern Spuren assoziativer Einflüsse auf den Schreibprozess offenlegen.

S. 8 Die *Voyager Golden Records* sind zwei schallplattenähnliche Datenplatten mit Bild- und Audiomaterial, konzipiert als Botschaft an Außerirdische. Sie wurden an den beiden Raumsonden „Voyager 1" und „Voyager 2" befestigt, die im Sommer 1977 starteten und noch heute (als weiteste je von der Erde entfernte künstliche Objekte) Daten aus dem interstellaren Raum senden. Die Bilder zeigen naturwissenschaftliche Motive, Abbildungen der Erde, vom Menschen und seiner Kultur, sowie Textnachrichten (u.a. von Jimmy Carter). Die Audiodateien enthalten Grüße in 55 Sprachen, Wind-, Donner- und Tiergeräusche sowie 90 Minuten Musik. Auf der Außenhülle eine symbolische Gebrauchsanleitung zum Abspielen. Die Lebensdauer der Platten wird auf ca. 500 Millionen Jahre geschätzt. (Wikipedia)

Der *286er*-Mikroprozessor war ein Computer-Chip der 80er bis frühen 90er Jahre. Chips aus der „Intel 8086"-Reihe waren in den Nullerjahren bei der NASA heißbegehrte eBay-Auktionsstücke, da sie für den Betrieb der veralteten Space Shuttle-Bodenstationen dringend benötigt wurden.

S. 10 Hypothetische *Weiße Löcher* stoßen als Gegenstücke zu Schwarzen Löchern Masse aus. Sie gelten als „mögliche mathematische Lösungen für die Gleichungen der Allgemeinen Relativitätstheorie". (Wikipedia)

Novae sind Tage oder Wochen währende Helligkeitsausbrüche bei Sternen. Klassische Novae entstehen aufgrund erhitzten Wasserstoffes, der an der Oberfläche eines Weißen Zwerges thermonuklear zündet. (Wikipedia)

S. 11 Der *kindliche Kaiser* könnte ein assoziativerer Impuls aus Michael Endes „Die unendliche Geschichte" (1979) sein, wo es eine „Kindliche Kaiserin" gibt.

„Rede des toten Christus *vom Weltgebäude herab*, dass kein Gott sei" ist der Titel eines Kapitels aus Jean Pauls „Siebenkäs" (1796/97).

S. 14 Ein *Bitstrom* „besteht" aus Nullen und Einsen, er ist eine „Sequenz von Bits von unbestimmter Länge in zeitlicher Abfolge. Es ist die oberflächlichste Betrachtungsweise eines Datenstroms, der (...) normalerweise in logische Strukturen gegliedert ist". (Wikipedia)

Subkutan bedeutet (das Gewebe) „unter der Haut".

Lunar Lander ist ein Videospiel aus der Urzeit der Computerspiele. Es wurde seit seiner ersten Textversion 1969 immer wieder für modernere Rechner neu umgesetzt, seit 1973 existiert es als „Moonlander" in einer grafischen Version. Es geht darum, eine Mondfähre mit Schub und Gegenschub unter Berücksichtigung der Gravitation sicher zu landen. (Wikipedia)

S. 16 Die nur selten in der seriösen Wissenschaft verwendete Bezeichnung *Gottesteilchen* steht für das sogenannte „Higgs-Boson" bzw. „Higgs-Teilchen". Es gehört zum „Higgs-Mechanismus", wonach „alle Elementarteilchen (beispielsweise das Elektron) außer dem Higgs-Boson selbst ihre Masse erst durch die Wechselwirkung mit dem allgegenwärtigen Higgs-Feld erhalten." Im Juli 2012 publizierte das CERN den Nachweis eines Teilchens, das inzwischen als Higgs-Boson bestätigt wurde. (Wikipedia)

S. 17 *Kreationist:innen* glauben, dass Erde und Universum buchstäblich so entstanden sind, wie es in der alttestamentarischen Genesis beschrieben wird. Sie lehnen daher die Evolutionstheorie ab. Anhänger dieser wissenschaftsfeindlichen Einstellung finden sich v. a. bei der religiösen Rechten in den USA. Beim Versuch, sich einen „wissenschaftlichen" Anstrich zu geben, verwenden Kreationist:innen den Begriff „Intelligent Design". (Wikipedia)

„Ein *Dschinn* (...) ist in der islamischen Vorstellung ein Wesen, das aus ‚rauchlosem Feuer' erschaffen ist, über Verstand verfügt und neben den Menschen, Satanen und den Engeln (...) die Welt bevölkert." Sie werden für Menschen nur „in Ausnahmesituationen" sichtbar und können in ihre „Körper (...) fahren und sie verrückt machen". (Wikipedia)

S. 19 Japanische Comics bzw. solche im hierfür typischen Zeichenstil werden *Manga* genannt – sie dominieren weltweit den Comic-Markt. (Trickfilme in diesem Stil heißen „Anime"). Die pornografische Spielart des Manga wird außerhalb Japans (wo Pornographie verboten ist) als *Hentai* bezeichnet. Ursprünglich ist „Hen" ein Begriff für Queerness, ohne explizit sexuellen Bezug. In der Kritik steht der Hentai deshalb, weil sich die dargestellten Figuren häufig als minderjährig lesen lassen. (Wikipedia)

S. 21 *Unlängst das Bad ausgekippt mit dem Meer + all seinen Kindern:* Ich möchte hier in dieser Anmerkung auf die sogenannten „Planetaren Grenzen" aufmerksam machen. Der Klimakollaps ist nur eine von neun globalen Veränderungen, die jede für sich das Potential hat, die Menschheit zu gefährden bzw. die menschliche Zivilisation weitgehend auszulöschen: 1. „Freisetzung von neuartigen Substanzen", 2. „Integrität der Biosphäre" (u. a. die erdgeschichtlich alarmierende Geschwindigkeit des Artensterbens), 3. „Störung der Stoffkreisläufe", „4. „Süßwasser", 5. „Landnutzung", 6. „Klimawandel", 7. „Luftverschmutzung/ Aerosolbelastung", 8. „Ozeanversauerung", 9. „Abbau der Ozonschicht". In den Bereichen 7 und 9 sind die Grenzen noch nicht bzw. nicht mehr überschritten, der Bereich 8 wird demnächst die kritische Schwelle erreichen. Alle anderen Bereiche (1–6) überschreiten bereits deutlich bis mehrfach die planetare Belastungsgrenze – am kritischsten in den Bereichen 1, 2 und 3. (bmuv.de)

S. 23 *Blauzahnkopfhörer:* „Blauzahn" ist eine wortwörtliche Übersetzung von „Bluetooth" (Funkstandard zur Datenübertragung über kurze Distanz).

S. 24 Die Lehre der *Kabbala* handelt insbesondere von der „Magie mit Buchstaben und Zahlen" und hat ihre Wurzeln in der mystischen Tradition des Judentums, enthält aber auch „gnostische, neuplatonische und christliche Elemente". (Oxford Languages; Wikipedia)

Klarlacktarnfarben für Faschismus: Die Parteifarben der AfD, auf die hier angespielt werden, sind (Hell-)Blau, Rot und Weiß.

S. 26 „Schon kurz nach der Vergabe der Fifa WM 2022 an *Katar* im Jahr 2010 kam massive Kritik auf. Zahlreiche Berichte von Organisationen wie Amnesty International deckten schwere Missbräuche an Arbeitsmigrant*innen auf, die für den Bau der WM-Infrastruktur ins Land geholt worden waren." (amnesty.ch)

8K bedeutet eine Bildauflösung von Monitoren und Fernsehern von horizontal mindestens 8000 Pixeln bzw. Spalten.

S. 28 *Franz Josef Strauß* war ein skandalträchtiger Politiker der alten Bonner BRD. Er war nicht nur zehn Jahre bayerischer Ministerpräsident (1978–88), sondern auch Verteidigungsminister (1956–62), wo er sich mit Adenauer für die atomare Bewaffnung der Bundeswehr einsetzte und mit zahlreichen Rüstungs- und CSU-Schmiergeldskandalen in Verbindung stand. Mit der „Spiegel-Affäre" verursachte er einen der größten bundesdeutschen Justizskandale. 1955–56 war er „Bundesminister für Atomfragen". Strauß war Zeit seines Lebens fanatischer Atomenergie-Befürworter.

„Die *Kraftwerk Union* AG (KWU) war ein gemeinsames Tochterunternehmen von Siemens und AEG. Es betrieb den Bau von Kraftwerken, insbesondere Kernkraftwerken." Der Standort in Erlangen war für Entwicklung und Planung (mit) zuständig. (Wikipedia)

S. 32 „Die Makaken (Macaca) – Singular *Makak* oder Makake – sind eine weit verbreitete Primatengattung aus der Familie der Meerkatzenverwandten." Eine bekannte Unterart sind etwa die Rhesusaffen. (Wikipedia)

In Computerspielen wird ein Versagen meist durch Verlust eines (von mehreren, häufig drei) „Leben" bestraft. Solange die Spielfigur weitere „Leben" besitzt oder wiederbelebt werden kann, ist der Spielstand nicht verloren. Es gibt aber auch Spiele „mit nur einem Versuch", wo die Spielfigur einen „permanent Death" bzw. *Permadeath* erleidet – die Errungenschaften dieser Figuren gehen, „wie im echten Leben", schlagartig verloren.

S. 34 Bullshit-Bingo: *Dornige Chancen* (zum Meme gewordenes Christian-Lindner-Synonym für „Probleme"), *Blue Sky Thinking* (Brainstorming bzw. grenzenloses Phantasieren für neue Produkt- oder Vermarktungsideen), *Low Hanging Fruits* (maximaler Ertrag mit minimalem Aufwand: einfach umzusetzende Maßnahmen, die mehr Umsatz bzw. Gewinn erzielen).

S. 36 *Papamobil:* Kraftfahrzeuge, die der katholische Papst für öffentliche Auftritte benutzt. Sie besitzen heute meist ein Spezialgetriebe (für konstante Schrittgeschwindigkeit) sowie eine ausleuchtbare, schusssichere Glaskuppel, in welcher der Papst gut sichtbar ist. Der Vatikan besitzt einen umfangreichen Fuhrpark, dominiert seit 1930 von der Marke Mercedes. Bescheidenere Fahrzeuge sind erst seit Papst Franziskus in Mode. (Wikipedia)

S. 38 „Eine evolutionäre Anpassung (oder wissenschaftlich *Adaption*) ist ein in einer Population eines bestimmten Lebewesens auftretendes Merkmal, das für sein Überleben oder seinen Fortpflanzungserfolg vorteilhaft ist, (...)". Durch Mutation können solche genetischen Merkmale entstehen – und sich durch Selektion evolutionär durchsetzen. (Wikipedia)

Die Arbeit von Christian Schloyer am vorliegenden Buch
wurde vom Deutschen Literaturfonds e. V. gefördert.

1. Auflage 2024

ISBN 978-3-948305-27-7

Umschlaggestaltung: Franziska Neubert
Druck: Pöge Druck, Leipzig
Printed in Germany

poetenladen, Blumenstraße 25, 04155 Leipzig, Germany
www.poetenladen-der-verlag.de
verlag@poetenladen.de

S. 39 Ein „Massively Multiplayer Online Role-Playing Game" (*MMORPG*) ist ein Onlinespiel, wo du mit deiner Spielfigur („Charakter") eine „Rolle" bekleidest (z. B. Krieger:in, Magier, Attentäter, Heilerin ...) und dich mit Hunderten von Mitspielenden durch eine Fantasy- oder Sci-Fi-Welt bewegst, um Aufgaben („Quests") zu lösen und Monster bzw. andere Spielfiguren zu töten.

S. 42 Wenn sich Schadstoffe in Lebewesen und Nahrungsketten schneller ansammeln als sie abgebaut werden können, heißen diese Stoffe *bioakkumulierbar*. Solche Stoffe stehen in Zusammenhang mit der planetaren (Belastungs-)Grenze „Freisetzung von neuartigen Substanzen". (Wikipedia)

S. 45 Die englische Wortschöpfung *mourny* (wohl aus „to mourn" und „horny") beschreibt urbandictionary.com wie folgt: „The feeling of extreme horniness during times of great emotional pain."

S. 47 Der Text spielt an einer Stelle despektierlich auf die (grundgesetzlich verankerte) „Kriegsgräberfürsorge" an: Kritikwürdig hieran ist sicherlich nicht der Aspekt der Friedensarbeit („mahnendes Erinnern", „Völkerverständigung" zwischen ehemaligen Feinden, Gedenken der nach Deutschland verschleppte Kriegsgefangenen). Unwürdig für unsere Demokratie aber ist die Darstellung gefallener Soldaten (letztlich Akteure barbarischer Angriffskriege) als Helden – zumal in der Tradition wilhelminischer und v. a. nationalsozialistischer Heldenverehrung, wie sie auf vielen Friedhöfen weiterhin anzutreffen ist. Es bleibt auch unverständlich, warum (nur) Soldaten (heute noch) erinnert und „geehrt" werden, aber die zivilen Opfer der Kriege und insbesondere die Kriegsdienstverweigerer nicht.

S. 48 In den 80er Jahren waren Probealarme vor dem Hintergrund des Kalten Krieges und seiner militärischen Dauerbedrohung hierzulande keine Seltenheit. Der *ABC-Alarm* hätte hierbei vor Angriffen mittels Atombomben, biologischer und chemischer Waffen warnen sollen.

S. 52 *Fort Apocalypse* (1982) ist ein Video- bzw. Computerspiel für den „Commodore 64". Mittels eines *Poke-Befehls* konnte vor dem Spielstart der Speicherinhalt so manipuliert werden, dass im Spiel anstelle der üblichen „3 Leben" unbegrenzt viele Versuche möglich waren.

S. 53 Die *Unruh* (eigentlich: „Unruh-Feder-Schwingsystem"), ein drehbar gelagertes Rädchen, meist kombiniert mit einer Spiralfeder, ist Taktgeber für viele (insbesondere tragbare) mechanische Uhren. (Wikipedia)

S. 54 *Holes of Glory* bzw. „Glory Holes" sind Löcher in Hüfthöhe in Trennwänden von öffentlichen Toiletten oder in Sexshop-Videokabinen. Ursprünglich dienten die „Schwanzlöcher" insbesondere der anonymen Aufnahme gleichgeschlechtlicher Sexualkontakte unter Männern. (Wikipedia)

S. 55 In der letzten Zeilengruppe wird das englische Wort für Kater (*Hangover*) mit den Titeln zweier bekannter Lieder bzw. Popsongs in Verbindung gebracht: „My Bony is (lies) *over the Ocean*" (traditioneller schottischer Folksong, bekannt u. a. durch eine Fassung von 1964 mit den frühen Beatles) und das Medley „(Somewhere) *over the Rainbow* / What a Wonderful World" von Israel Kamakawiwo ole (1990). (Wikipedia)

Christian Schloyer

MARS

Gedichte

poetenladen

Mars

poetenladen